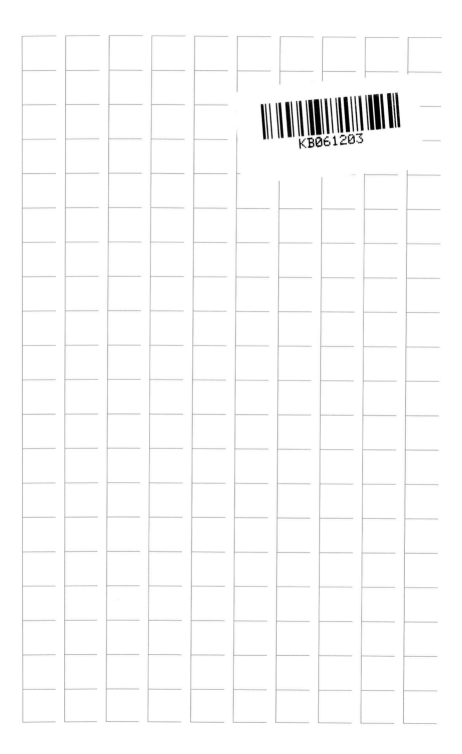

KB061203

풍경이 있는 세상

나남
nanam

풍경이 있는 세상

2024년 3월 15일 초판
2024년 4월 15일 2쇄

지은이   김황식
발행자   趙相浩
발행처   ㈜나남
주소   10881 경기도 파주시 회동길 193
전화   (031) 955-4601 (代)
FAX   (031) 955-4555
등록   제1-71호(1979.5.12)
홈페이지   http://www.nanam.net
전자우편   post@nanam.net

ISBN   978-89-300-4163-8
         978-89-300-8655-4 (세트)

책값은 뒤표지에 있습니다.

풍경이 있는 세상

김황식 지음

나남
nanam

서문

이 책은 2022년 3월부터 2023년 12월까지 〈조선일보〉 주 말판인 "아무튼, 주말"에 연재한 칼럼 "풍경이 있는 세상"을 한데 모은 것입니다.

세상은 여러 가지 풍경으로 가득합니다. 풍경이라 하면 우선 아름다운 자연 풍경이 떠오릅니다만, 그 밖에 사람이 나 사건·사물에 관련한 다정한 이야기도 풍경입니다. 물론 그렇지 않은 풍경도 있지만, 그것들은 접어 두고 아름답고 따뜻한 풍경 이야기로 세상을 여유롭고 풍성하게 만드는 데 에 뜻을 두고 칼럼을 썼습니다. 가볍지만 유익한 지식이나 정보를 전하고자 했습니다. 그리고 독자들과 함께 풍경에 담긴 세상 이야기를 생각해 보고자 소망했습니다.

이런 뜻에서 시작한 칼럼 연재를 마치니 지인들이 그동안 쓴 칼럼을 모아 책을 만들라고 권유했습니다. 빠트려 읽지 못했거나 흩어져 없어진 칼럼을 모아 차분히 다시 읽고 싶다는 것이 그 이유였습니다. 과분한 찬사의 말씀으로 들려 고마웠습니다. 저도 칼럼을 쓰는 동안 스스로 진지해지는 훈련을 했고, 독자들과 공감하며 교감할 수 있어 행복했습니다. 그 느낌을 이어가는 한 방편으로 책으로 묶어 이를 가끔 들춰 보며 옛일을 추억하고, 지인들에게 선물하여 그동안의 고마움도 전하고 싶었습니다. 이것이 제가 책을 발간하게 된 이유입니다.

이 책 출간을 맡아 주신 나남출판의 조상호 회장님과 출판을 위해 애써 주신 나남출판의 모든 분들께 감사드립니다.

2024년 초봄에

김 황 식

차 례

3부 천 마리 종이학

4부 우리가 살고 싶은 도시

1부

기차는 8시에 떠나네

'기차는 8시에 떠나네'

그리스 출신 메조소프라노 가수 아그네스 발차Agnes Baltsa가 부른 〈기차는 8시에 떠나네〉.

많은 사람이 좋아하지만 듣노라면 너무 슬프고 쓸쓸해서 저에게는 듣기가 주저되는 곡이기도 합니다. 제2차 세계대 전 당시 그리스를 침공한 나치 독일에 대항하기 위해 고향 을 떠났지만 전쟁이 끝나도 돌아오지 않는 청년 레지스탕스 를 애타게 기다리는 여인의 심정을 노래한 곡입니다.

러시아, 아니 푸틴이 우크라이나를 침공한 뒤 새삼 전쟁 의 비인간성을 생각하며 그 노래를 떠올렸습니다. 너무 슬 프고 안타까운 탓입니다. 같은 가수의 노래 〈우리에게도 좋 은 날이 오겠지〉를 들으며 하루빨리 전쟁이 종식되기만을 기다려야 할지도 모르겠습니다.

어떤 전쟁이 명분이 있는 전쟁이겠습니까만, 이번 전쟁이야말로 정말 명분 없고 어처구니없는 전쟁입니다. 우크라이나의 유럽연합이나 나토 가입 시도 등 한 나라의 주권적 선택을 시비하고 자국에 미칠 피해를 사전에 차단하기 위한 것이라는 명목이지만, 결국은 1990년대 초 소련연방 해체 과정에서 잃은 국가적·민족적 자존심을 만회하고 옛 러시아의 영광을 재현하며 푸틴 자신의 장기 집권을 노리는 데에 목표를 두고 있는 것으로 보입니다.

그러나 소련연방 해체는 공산주의가 그 한계를 드러내고 인류 공영으로 나아가는 역사 발전 과정에서 생겨난 당연한 흐름의 결과였습니다. 그로써 동구권을 포함한 많은 유럽 국가들이 전쟁이 없는 평화와 공동번영의 세상을 만들어 가고 있습니다.

이런 과정에서 푸틴이 역사의 수레바퀴를 거꾸로 돌리고 있는 셈입니다. 마치 히틀러가 1939년 9월 1일 이웃 나라 폴란드를 침공하며 '생활공간Lebensraum의 확장'이라는 어처구니없는 명분을 내세웠던 것과 마찬가지입니다.

그렇게 시작된 제2차 세계대전의 가장 큰 피해자는 소련이었는데, 소련의 후신인 러시아 지도자의 헛된 자존심과 욕심이 우크라이나와 유럽을 비롯한 온 세계는 물론 자국 러시아 및 자국민에게도 엄청난 고통을 주고 있습니다.

저는 2011년 9월 말 국무총리로서 우크라이나를 공식 방문했습니다. 밤늦게 호텔에 도착했는데 현지 한류 팬들이 '한국 사랑해!', '김황식 국무총리님 우크라이나 오신 걸 환영합니다!'와 같은 플래카드를 들고 환영하며 우리 노래를 불러 주었습니다.

당시 UEFA 챔피언스리그 주최를 앞두고 인프라를 정비하며 택시를 현대자동차로 바꾸고 전동차도 한국산을 도입하고 있었지요. 농토는 광활하고 비옥하지만 농업생산력이 낮아 이를 개선하기 위해 한국과의 농업 기술협력을 희망하였습니다. 삼성전자는 키이우에 연구소를 두고 있었는데, 여기는 우크라이나 젊은 과학자들이 가장 선망하는 직장이었습니다. 삼성전자는 사회공익사업도 활발하게 펼친 덕에 우크라이나에서 가장 사랑받는 외국기업이기도 했습니다.

이런 개인적 경험 탓인지 우크라이나에서 전해 오는 참상이 더욱 가슴을 아프게 합니다. 가족을 피란시키고, 전쟁터로 향하고, 이리저리 밀리며 피란길에 오르고, 그 과정에서 희생을 당하는 모습들은 다시 보고 싶지 않은 장면입니다. 세계가 단합하여 경제제재를 가하는 등 러시아를 향해 전쟁을 중단하라며 압력을 가하고 있습니다. 이것이 성공해 강대국들의 전쟁 도발은 결코 성공할 수 없다는 교훈을 얻는 역사적 계기가 되었으면 좋겠습니다.

전쟁이 발발하고 며칠 후, 평소 소식이 뜸한 친구가 문자 한 통을 보내왔습니다. 우크라이나 대사관 계좌번호였습니다. 이심전심의 따뜻한 소식이었습니다.

2022. 3. 19.

3월 26일, 그 우울한 날

흰 한복을 입은 여인과 그 무릎에 안기고 곁에 선 두 사내아이의 사진 한 장, 그 사연을 생각하면 가슴이 아픕니다.

안중근 의사는 1909년 10월 이토 히로부미를 제거할 계획으로 망명지 블라디보스토크에서 하얼빈으로 떠나며 동지 정대호에게 부탁하여 진남포에 거주하는 부인 김아려 여사와 두 아들을 하얼빈으로 데려오도록 합니다. 사랑하는 가족과의 마지막 만남 그리고 작별을 준비하고자.

그러나 이들은 의거 다음 날에야 도착하는 바람에 가족 상봉은 이루어지지 못합니다. 이들의 행적을 수상히 여긴 일본 경찰이 세 모자母子를 일본 영사관으로 연행해 찍은 사진입니다. 안중근 의사를 안타깝게 여긴 뤼순 감옥 관리가 사진을 비단으로 만든 사진첩에 정성스레 담아 전달했고, 안중근 의사는 사형 집행 때까지 품속에 간직하며 수시로 꺼내 보았을 사진입니다.

　2022년 3월 26일은 안중근 의사가 112년 전 뤼순 감옥에서 만 30세의 나이로 사형을 집행당해 순국하신 날입니다. 사형 선고를 받은 지 불과 40일 만입니다. 나라를 위해 큰일을 하다가 받은 형벌이니 항소하여 일본에 목숨 구걸하는 모습을 보이지 말고 당당히 죽으라는 어머니의 당부로 항소하지 않아 판결이 확정됐기 때문입니다.

　그사이 안중근 의사는 일본 관헌들의 부탁으로 유묵遺墨을 200여 점 써 주었습니다. 그들이 얼마나 안 의사를 존경했는지 보여 주는 증거입니다. 그 가운데 '천당지복 영원지락天堂之福 永遠之樂(천당의 복은 영원한 즐거움)'이라는 유묵이 있습니다. 독실한 천주교 신자인 안중근 의사는 사형 집행을 앞두고 스스로를 위로하며 신앙고백을 써 내려갔겠지요. 안중근 의사는 어머니와 아내 등에게 이승의 작별을 아쉬워하며 천당에서 만나 즐거운 얘기를 나누자는 유언을 남기고 세상을 떠났습니다.

　그런데 이 유묵과 사진을, 안 의사를 존경하여 서울에서 열리는 추모식에도 가끔 참석하는 한 일본인이 소장하고 있었습니다. 제가 관여하는 '사단법인 안중근 의사 숭모회'는 유묵 등을 기증받기 위해 틈틈이 그분을 설득했습니다. 원래 아버지의 유산이라 본인 마음대로 처리하기도 어려웠을

안중근, 〈천당지복 영원지락〉,
경술년(1910년) 3월,
종이에 먹, 33.2x136.2cm.
ⓒ안중근의사숭모회

것입니다. 안중근 의사의 유묵은 한 점에 7억 원 이상에 거래되는 실정이기도 합니다.

저는 2018년 도쿄에서 그분을 만나 '기증해 주시면 소중히 잘 관리함은 물론 선생의 귀한 뜻을 기리고 이를 널리 알려 한·일 우호 증진에 도움이 되도록 하겠다. 특히 유묵 내용은 한국 인구의 30% 정도에 이르는 크리스천들에게 큰 기쁨이 될 것이다'라며 설득하였습니다. 좋은 방향으로 노력해 보겠노라는 답변을 들었고, 그 후로는 예의에 벗어나는 일이라고 생각했기에 더 이상 채근하지 않았습니다.

그런데 2020년 1월 기증하겠노라고 연락이 와서 이를 받아 왔습니다. 조건은 단 한 가지, 모든 것을 비공개로 조용히 처리해 달라는 것이었습니다. 유묵의 내용, 전달 경과 등 아름다운 이야기를 알리고 싶었지만 훗날을 기약하며 참았습니다.

곧이어 코로나19가 만연하며 양국 왕래가 사실상 두절되었고, 얼마 후 기증자가 뜻밖에 작고하셨습니다. 숭모회로서는 유묵을 기증받을 마지막 기회를 잡은 셈이지만 그분에게 예우해 드릴 기회를 잃은 것이 너무 아쉬웠습니다. 다른 방법을 궁리해 볼 작정입니다.

지금 유묵이나 사진첩은 오랜 세월이 지난 탓에 손상되어 있습니다. 이에 삼성 리움미술관 보존연구실 최고 전문가들이 자원봉사로 나서서 보존 처리하는 중입니다. 내년 이맘때 공개할 예정입니다. 적은 말수에 조용히 웃기만 하던 그분을 추모식에서 더 이상 뵐 수도 없게 되어 마음이 허전합니다. 이래저래 3월 26일은 저에게는 우울한 날입니다.

2022. 4. 2.

쫓겨난 총리, 그러나 가장 행복했던 총리

연초에 독일 총리들의 리더십에 관한 책을 썼습니다. 책에서 콘라트 아데나워부터 앙겔라 메르켈까지 8명의 총리는 모두 성공한 총리였다고 결론지은 탓인지, 많은 이들이 그래도 어느 총리를 가장 좋아하는지 물었습니다.

모두 시대 상황에 맞는 역할을 훌륭하게 해내어 어느 한 사람을 앞세우기가 주저되었습니다. 그러나 생각 끝에 헬무트 슈미트 총리라고 답하기로 했습니다. 그 유명한 라인강 기적의 아데나워, 동방정책의 브란트, 독일 통일의 콜도 아니고 슈미트라니, 게다가 역대 총리 가운데 유일하게 의회에서 불신임을 당하여 쫓겨난 그 사람이라니 하는 반응이 따랐습니다.

당연히 그 이유를 궁금해했습니다. 제가 그들의 생애를 종합적으로 살펴보았을 때, 존경할 만하고 행복했을 것이라고 생각되는 분이 슈미트이기 때문입니다.

그는 정치에서 물러난 뒤 여생을 시사 주간지 〈디 차이트 Die Zeit〉의 공동 편집인으로 일하며 독일이나 세계의 문제를 분석하고 나아갈 길을 제시하였습니다. 시민들도 그를 '독일의 현자'라 부르며 존경했고, 이슈가 생기면 가장 먼저 그의 견해를 듣기를 원했습니다. 줄담배를 피우는 습관이 있는 그에겐 방송 중 흡연이 허용될 정도였습니다.

슈미트는 전임 총리인 빌리 브란트가 총리실에 숨어든 동독 간첩 때문에 정치적 책임을 지고 물러나자 총리직을 승계했습니다. 그러나 그는 브란트가 책임지고 퇴임할 일이 아니라며 한사코 퇴임에 반대했습니다. 자신에게 넘어올 총리직을 밀어내는 것을 마다하지 않는 참 순결한 모습입니다.

그의 집권 당시 적군파赤軍派 등 테러리스트들이 주요 요인을 납치하여 구속된 테러 분자들과 교환을 요구하는 일이 빈번하였습니다. 무고한 요인들의 생명을 지키기 위해 불법과 타협하는 것과 국가 질서를 지키기 위해 타협을 거부하는 것 가운데 하나를 선택해야 하는 딜레마에서 그는 괴로워하면서도 후자를 선택했습니다.

1977년 10월, 91명을 태운 여객기가 모가디슈로 납치되었을 때도 협상을 거부하고 특공대를 투입하여 테러 분자를 사살하고 인질들을 석방했습니다. 실패할 경우 퇴임해야 하는 상황이었습니다. 그러나 그는 불의와 타협하지 않았습니다. 슈미트와 아내 로키는 자신들이 납치되는 상황이 오더라도 인질 교환은 절대 하지 말라는 문서를 작성해 이를 연방정부 문서실에 남겨 놓았습니다.

그는 소련이 동구권에 중거리 핵미사일을 배치하자 이에 대응하여 나토와 협력해 핵미사일을 배치함으로써 무력의 균형을 도모하고 아울러 협상을 통해 핵을 폐기 또는 감축하고자 했습니다. 무력의 균형이 없는 평화는 굴종의 평화일 뿐이라는 신념 때문이었습니다. 자기 당원 및 평화 운동가들의 격렬한 저항에도 불구하고 물러서지 않았고, 이 때문에 의회 불신임 결의로 총리직에서 쫓겨났습니다. 그러나 슈미트의 이 '이중 결정'은 훗날 베를린 장벽을 무너뜨리는 동·서독 통일의 토대가 됩니다.

슈미트와 아내는 68년을 해로했습니다. 열 살이었을 때 학교 친구로 처음 만났으니 알고 지낸 세월만 무려 82년입니다. 슈미트 스스로 자신은 친하지 않은 사람들에게는 오만하고 냉혹한 사람으로 통하는 결점이 있었지만, 아내는 다른 사람에게 아량이 넓고 마음이 따뜻하여 자신의 부족함을 메워 주었으며, 자신에게 쏟아진 찬사는 아내의 덕분이라고 말하기도 했습니다.

그러한 슈미트가 한 번 다른 여자와 바람을 피웠는데, 이혼하자는 아내에게 슈미트는 절대 헤어질 수 없다고 했습니다. 아내는 슈미트의 단호함에 그를 용서하고 일생 단 한 번의 위기를 극복했습니다. 이런 사실까지도 솔직히 공개하는 슈미트, 그는 지혜와 신념의 정치인일 뿐 아니라 부부관계가 이상적이었던 정치인이었습니다. 이것이 제가 그를 가장 행복한 총리로 내세우는 이유입니다.

2022. 4. 16.

걱정되는 '검수완박' 입법

형사 사법절차에서 두 주요 수사기관인 검찰과 경찰의 관계를 어떻게 설정할 것인가는 중요한 과제입니다. 우리나라에서는 원래 검찰이 수사 주재자를, 경찰은 수사 보조자를 맡는 구조로 출발했습니다. 이는 법률전문가인 검사가 수사의 주체로서 실체적 사실관계를 밝혀 범죄자를 처단함으로써 사회정의를 실현하며 그 과정에서 인권침해가 생기지 않도록 하여 사회질서를 유지하기 위함이었습니다.

그러나 사실상 많은 수사가 경찰에 의해 이뤄지고, 경찰의 인권 의식이나 수사능력도 많이 향상되었기에 피의자나 참고인 등 사건 관계자가 검찰과 경찰에 중복적으로 조사받는 불편을 피하기 위하여 양자의 역할을 합리적으로 조정할 필요가 생겼습니다.

그리하여 2011년 제18대 국회에서 〈형사소송법〉 제

196조 제1항과 관련된 이 문제를 본격적으로 논의했습니다. 이때 경찰은 수사 현실을 반영하여 법률에 사법경찰관의 수사 개시권을 명시, 제한적이나마 독자적 권한을 인정받고자 했고, 검찰은 그렇게 되면 경찰의 독자적 수사권을 인정하는 결과가 되어 제도의 근간이 흔들린다며 이에 반대했습니다.

국회는 양측의 입장을 절충하는 선에서 법률을 개정한다고 하면서도 그 구체적 내용은 대통령령으로 정하도록 함으로써 문제 해결을 정부에 떠맡긴 셈이 되었습니다. 검찰총장은 이에 항의하며 사표를 제출하였고, 수사 경찰들은 오성역에 모여 수갑을 반납하는 항의성 퍼포먼스를 벌이기도 했습니다. 그만큼 복잡하고 어려운 문제입니다.

국무총리실에서는 검찰과 경찰 간 서면 협의, 3박 4일 동안의 실무 조정회의, 총리실장 주재 고위급 조정회의 등을 통해 양 기관 및 관련 전문가들의 의견을 충분히 듣고 그 바탕 위에서 법 개정 취지, 국민의 인권과 편의, 수사 절차의 투명성 및 협업과 분장에 의한 업무 효율성 제고를 고려하여 대통령령을 마련했습니다.

당시 총리였던 저는 최종안을 발표하기 전에 하급 경찰관 및 젊은 검사를 10명씩 오전·오후로 나누어 총리실로 초치해 최종안을 설명하고, 그들의 질문이나 애로 호소에 일일이 대답해 주면서 양 기관이 서로 존중하며 협력해 나갈 것을 당부했습니다. 대통령령이 공포되었을 때 양 기관은 일부의 우려와 달리 승복했고, 갈등은 잘 정리되었습니다.

이처럼 과거에 있었던 검경檢警 관련 논의는, 검찰은 독점적 수사권을 유지하려는 것이고, 이에 반하여 경찰은 검찰과 협업과 분장을 통한 수사권을 공유하는 것이었습니다. 물론 거대 담론으로 수사권과 공소권의 분리가 논의되기도 했지만, 이것은 현실적이고 구체적인 당장의 과제는 아니었습니다.

그러나 지금 논의되는 '검수완박', 즉 검찰의 수사권을 완전히 박탈하고 오로지 기소권만을 갖게 하자는 입법 논의는 전혀 다른 차원의 문제입니다. 실로 엄청난 변혁이고 그것이 우리 사회에 미치는 영향은 클 것입니다.

검찰이 수사권을 전혀 갖지 않는다면 효율적으로 기소권을 행사하고 공소 유지를 할 수 있을 것인지, 범죄 척결을 통한 사회질서 유지에 공백이 생기지 않는지, 지금 검찰이 가진 정도의 수사역량과 법적 전문성을 가진 기관이나 인적자원은 어떻게 확보할 것인지, 검수완박론자들이 내세우는 검찰의 문제점이 경찰이나 새로운 수사기관에서는 생기지 않는다고 보장할 수 있는지, 기소와 공소 유지만을 담당하게 되어 대폭적인 인력 감소가 불가피해질 검찰 조직의 구조조정은 어떻게 할 것이지, 실로 많은 문제들이 남습니다.

이러한 중차대한 제도 개혁을, 아무리 과거 검찰에 일부 잘못이 있었다 하더라도, 검찰개혁이라는 명분으로 황급히 처리하는 것은 더 큰 혼란을 남길 것입니다.

2022. 4. 30.

자코메티와 조지 시걸을 찾아 떠난 남도 여행

출근하는 여섯 사람의 모습을 실물 크기로 형상화한 청동 조각상, 미국 출신 조지 시걸George Segal의 작품 〈러시 아워〉입니다. 인물 모두 하나같이 무겁고 진지한 표정입니다. 현대인의 고단한 삶의 모습을 나타내는 것 같기도 하지만, 한편으로는 삶의 무게에 굴하지 않는 당당한 모습에 숙연해지고 그래서 오히려 위로를 받게 됩니다.

　육체는 덧없다고 본 탓인지 다 털어 내버리고 뼈만 앙상한 2미터 큰 키의 여인 조각상, 스위스 출신 알베르토 자코메티Alberto Giacometti의 작품 〈거대한 여인 Ⅲ〉입니다. 인간 존재의 연약함과 제 2차 세계대전 이후 유럽인들이 겪은 인간의 고독과 소외를 표현했다지만 인간은 그렇게 위태롭고 나약한 존재만은 아님을 보여 주는 듯합니다. 단정하고 당당한 모습과 제목에 포함된 '거대한'이라는 표현이 이를 말해 줍니다. 그런 점에서 두 작품은 서로 통하는지도 모르겠습니다.

　얼마 전 봄꽃들이 다투어 피는 전남 광양시를 다녀왔습니다. 전남도립미술관에서 열린 '인간, 일곱 개의 질문' 전시회를 관람하기 위해서입니다. 그곳에서 지금 앞서 소개한 두 작가 외에 앤디 워홀, 이브 클랭, 데이미안 허스트 등 현대미술 거장과 이불, 정연두, 이건용 등 한국 작가 40여 명의 작품 100여 점을 만날 수 있습니다.

　이 전시회는 2021년 10월 리움미술관이 재개관하면서 세계 현대미술의 흐름을 조명해 볼 수 있도록 기획한 전시회를 지역 주민들도 그대로 감상할 기회를 만들어 드리기 위한, 이른바 리움미술관 지역순회전입니다. 리움미술관으로서도 처음 시도하는 일입니다. 온 국민이 문화를 함께 향유하며 문화 측면의 지역 균형 발전에 기여한다는 점에서 매우 뜻깊은 일입니다.

　작년에는 고故 이건희 회장의 컬렉션 가운데 전남 출신 작가 김환기, 오지호, 천경자 선생 등의 작품 20여 점을 전남도립미술관에 기증하여 그 기념으로 특별전이 열렸습니다. 그 지역뿐 아니라 전국 각지에서 많은 분이 찾아와 관람하였답니다.

저는 리움미술관, 호암미술관 운영 등 문화사업을 관장하는 삼성문화재단 이사장으로서 지역 문화 현장의 실상이나 애로 등을 확인해 보고 장래 계획에 참고하고자 찾았습니다. 그곳에서 만난 작품들은 서울에서와 다른 느낌으로 다가왔기에 신기했습니다. 이지호 관장님은 작년에 신설 개관한 도립미술관이 이런 행사 덕분에 짧은 기간 내에 그 존재 및 활동 상황을 알릴 수 있게 됐다며 고마워했습니다.

그런데 저는 왜 전남도립미술관이 도청소재지인 무안이나 인근 목포, 아니면 상대적으로 큰 도시인 순천이나 여수가 아닌 동쪽 끝 광양에 자리 잡게 되었는지 궁금했습니다. 물론 일본의 나오시마 미술관이나 스페인의 빌바오 구겐하임 미술관처럼 입지 여건이 좋지 않은 곳에도 훌륭한 미술관이 세워지고 그로 인해 그곳이 융성하게 되는 경우도 많지만, 우리나라에서 아직은 낯섭니다.

시민들의 편의를 위하여 도심에 미술관을 둘 수도 있지만 문화를 즐기기 위해 조금 불편하더라도 찾아가는 수고를 아끼지 않는 시민이 많아지는 문화적 분위기를 만드는 것도 의미 있는 일인 것 같아 광양의 사례가 반가웠습니다. 알아보니 전라남도에서 동부 지역에 대한 배려로 합당한 논의와 절차를 걸쳐 결정했고, 그런 만큼 도립미술관의 성공적 운영을 위해 각별히 노력하고 있었습니다.

근자에 순천만, 낙안읍성, 오동도, 예울마루, '여수 밤바다'를 찾아 순천, 여수 지역을 찾는 관광객이 늘어나고 있습니다. 그 여행길에 들르는 전남도립미술관은 또 다른 추억으로 남을 것입니다.

2022. 5. 7.

우리는 누구인가?

오랫동안 잊고 있었던 음악 한 곡이 떠올랐습니다. 기억이 정확한지 모르겠지만, 1970년대 초 주로 일본에서 활동하시던 수필가 김소운 선생이 음악 한 곡을 곁들이며 구수한 목소리로 인생 이야기를 전했던 '인생 수첩'이라는 라디오 프로그램의 시그널 음악인 〈우리는 누구인가?Who are we?〉입니다. 독일의 제임스 라스트James Last 악단의 연주곡입니다.

늦은 밤 노老 문학가가 살아오면서 경험하고 생각한 바를 화로火爐 곁의 정담情談처럼 조곤조곤 이야기하는 내용도 내용이거니와, 프로그램의 제목이나 시그널 음악이 너무 좋아 마치 종교의식에 참여한 것 같은 마음으로 가끔 들었습니다.

시그널 음악을 처음 들었을 때 느낀 쓸쓸함, 순수함, 경건함 등이 뒤얽힌 감정 때문에 저 자신이 정화淨化 되는 듯했습니다. 처음 듣는 곡이었기에 궁금하여 제목은 알아냈지만 범상치 않은 제목 때문에 혹 노랫말이 따로 있는지, 있다면 어떤 내용인지 더욱 궁금하여 알아보았으나 실패했습니다. 그래서 노랫말이 없는 연주곡으로 알고 있습니다만, 제가 과문한 탓인지도 모르겠습니다. 그러면서도 그 제목은 무엇을 말하고자 하는 것인지 궁금하였습니다.

"나는 누구인가?(Who am I?)"는 자신을 탐구하는 구도자적 생각으로 흔히들 하는 질문입니다. "너는 누구인가?(Who are You?)"는 그저 상대방을 알고 싶다는 생각에서 던지는 질문인 경우도 있지만 때로는 의구심을 갖고 던지는 도발적 질문입니다. 그러면 "우리는 누구인가?(Who are we?)"는 무엇을 말하고자 하는 것일까, 이런저런 생각을 해 보다 그만 접었습니다.

2014년 2월 서울 송파구에서 세 모녀가 집주인에게 죄송하다는 편지와 함께 밀린 집세와 공과금을 전하고 자살했습니다. 그 사건을 접하고서 한동안, 편지를 쓰며 죽음을 준비하는 세 모녀의 모습이 눈에 어른거려 고통스러웠습니다. 그 후로도 유사한 사건이 여러 건 발생하였습니다. 또 최근 서울 동대문구에서 가난과 병마에 시달리던 70대 어머니와 50대 아들이 사망한 지 한 달 이상이 지나서야 발견되었습니다. 관련 행정기관에 지원을 요청했지만, 집을 소유하고 있어 지원 요건에 해당하지 않아 도움을 받지 못했다고 합니다.

이런 안타까운 일들이 세계 10위권 경제를 자랑하는 대한민국에서 벌어지고 있습니다. 이들의 딱한 사정을 알았더라면 종교·자선단체나 선량한 시민 등 도와주었을 사람들이 우리 사회에 차고 넘치는데도 말입니다. 결국 이들을 찾아내 지원하는 시스템이 미흡하거나 담당자들의 적극적인 노력이 부족한 탓입니다.

2011년 당시 정부에서 공무원 증원 억제 정책을 시행하면서도 복지 담당 공무원만은 7천 명을 증원하기로 하였습니다. 각 지역 단위로 촘촘히 챙겨 위기 상황에 있는 국민을 찾아내어 복지 사각死角이 생기지 않도록 하고, 형식상 지원 요건에 해당하지 않으면 민간 지원과 연결시켜 줄 수 있도록 하기 위함이었습니다.

저는 당시 일선 복지 업무 담당자에게 사생활 침해가 되지 않도록 하면서도 지혜롭게 각 가정의 순가락 숫자까지 헤아릴 정도로 실태를 파악해서 보다 창의적이고 적극적으로 일해 달라고 당부하기도 했습니다. 그러나 우리의 정책 목표는 아직도 달성되지 못했고, 위와 같은 비극은 계속되고 있습니다.

최근 다시 안타까운 사건을 접하고 '정말 이럴 수밖에 없는가?' 하는 생각과 함께 떠오른 음악이 50년 전에 들었던

〈우리는 누구인가?〉입니다. 그리고 곡의 제목이 포함하고 있는 뜻을 '우리는 서로에게 무엇이며, 서로를 위해 무엇을 하고 있으며, 무엇을 하여야 하는가?'로 정리해 보았습니다. '우리'는 사랑하는 연인일 수도, 가족일 수도, 사회 공동체 구성원일 수도 있습니다. 이런 뜻에서 우리 모두 '우리는 누구인가?'를 계속하여 자문自問했으면 좋겠다고 생각하며 그 곡을 다시 들어 보았습니다.

2022. 5. 14.

시답지 않은 시(詩)로 소통하기

이달 초 실로 오랜만에 제주도를 찾아갔습니다. 제주연구원 개원 25주년 기념행사에서 특별 강연을 하기 위해서였습니다. 예전 제주에서 경험했던 이런저런 일들이 생각났습니다.

제주를 찾을 때는 늘 가슴이 설레었습니다. 아름답고 청정한 자연 풍광과 이국적인 분위기 때문입니다. 한반도 남쪽 바다 위에 제주도가 없었다면 우리는 얼마나 허전했을까 하고 생각하곤 했습니다. 대양으로 나아가는 길목, 아니 대양에서 들어오는 길목에 제주도가 파수꾼처럼 딱 버티고 서 있다는 것이 축복같이 느껴졌습니다. 적어도 총리직을 맡기 전에는 늘 그러했습니다.

그런데 2011년 4월 총리로서 찾아갔을 때는 달랐습니다. 당시 제주 해군기지 건설과 관련하여 평화의 섬 제주에 군사

기지 건설은 온당치 않고 또한 자연환경을 파괴한다는 이유
로 반대 운동이 극심하였습니다. 제주 4·3 사건과 관련해서
는 공산 세력의 폭동을 진압하는 과정에서 발생한 무고한 민
간인의 희생을 기리고 그들의 명예회복을 위하여 참여정부
시절 특별법을 만든 이래 각종 조치를 취하고 있었지만, 여전
히 서운함과 불만이 남아 있었습니다. 이러한 문제들을 해결
해야 할 숙제를 안고 찾아간 터입니다.

　도민 대표들과의 간담회에서 무슨 말씀을 드려야 정부의
진정한 뜻이 전달될까 고민하다가 일단 시詩 한 수로 제 마음
을 전달하기로 하였습니다. 비행기 속에서 수십 년 만에 부랴
부랴 시답지 않은 시를 썼습니다.

　웅혼한 대륙을 달려온 반도의 끝자락
　푸른 바다를 넘어 우뚝 솟은 한라의 영봉
　그 아래 펼쳐진 우리의 삶이
　낙원의 삶이어야 하지 않겠는가?
　누가 제주를 그저
　우리 대한의 사랑스러운 막내라고 하는가?
　누가 그저 제주가 없었더라면
　대한이 얼마나 허전했으랴 하는가?
　아니다
　제주는 저 넓은 대양을, 세계를 향해 나아가는
　대한민국의 관문이다

파수꾼이다
얼굴이다
이른 봄이면
서귀의 꽃 소식으로 우리를 설레게 하고
늦가을이면
한라 영봉의 눈 소식으로 우리를 숙연케 하는 제주
제주가 노래하면
반도도 노래할 것이요
제주가 가슴앓이하면
반도도 가슴앓이할 것이라
그렇기에 제주는
희망, 평화, 번영의 섬이어야 한다
대한민국이
희망과 평화와 번영의 땅이기 위하여

　간담회를 시작하면서 먼저 시를 쓴 경위 및 취지를 설명하고 낭독하였습니다. 참석자들은 총리의 엉뚱한 행적에 당황하셨을 테지만 잘 들어 주었습니다. 동행했던 공보실장은 '이것은 홍보에 좋은 뉴스감이야'라고 생각했던지 시가 적힌 메모지를 슬그머니 가져다 복사하여 언론에 공개했고, 총리실 페이스북에도 올려 버렸습니다. 그 일에 저의 뜻은 전혀 개입되지 않았습니다. 일부 언론에서 이를 보도하였지만 그대로 조용히 묻혔고, 더 이상 관심의 대상은 아니었습니다.

이번 강연을 시작하기 전 구만섭 도지사 권한대행, 좌남수 도의회 의장, 김상협 제주연구원장에게 11년 전의 자작시에 관련한 해프닝을 추억거리로 이야기했습니다. 이어진 강연에서는 갈등과 대립을 극복하고 대화와 타협으로 문제를 해결하여 사회통합을 이루는 문제에 대하여 경험한 사례를 인용하며 설명했습니다. 직원들은 당면한 제주 제2공항 건설에 관련한 갈등의 해결 방안과 행복한 사회를 만들기 위한 공직자들의 역할 등을 질문했고, 이에 나름대로 답변했습니다. 유익하고 즐거운 시간이었습니다.

강연이 끝났을 때 김상협 원장님은 그사이 시를 찾아 게시할 수 있게 만들어 놓았습니다. 도청과 도의회에 보낼 것까지 만들어 거기에 엉터리 시인의 사인을 부탁하였습니다. 누군가 읽는 사람은 가볍게 웃고 지나가겠지만, 제주를 사랑하고 소중히 여기는 사람들의 마음이 잘 전달되었으면 좋겠다고 생각했습니다.

2022. 5. 21.

"우리들의 영원한 청춘의 도시여"

도시가 안고 있는 산 가운데 그곳에 사는 사람들에게 정답지 않은 산이 있겠습니까만, 광주光州 시민들에겐 무등산無等山이 특히 그러한 산입니다. 1,187미터 높이의 당당하면서도 온화한 산, 그래서 아버지처럼 지엄하면서도 어머니처럼 자애로운 풍모를 함께 지닌 산, 그것은 이미 산이 아니라 거룩한 제단祭壇입니다. 이름조차 등위等位를 가리지 않는 '무등'이라 여유롭습니다. 광주 시내 어디에서나 우러러 보여 시민들과 일상을 함께하며, 객지로 떠난 사람들이 고향을 찾아올 때면 맨 먼저 맞아 주는 것이 무등산입니다.

지난주 윤석열 대통령은 정부 각료, 국민의 힘 소속 국회의원과 함께 5·18 광주 민주화 운동 42주년 기념식에 참석했습니다. 기념사에서 "오월 정신은 보편적 가치의 회복이고, 자유민주주의 헌법 정신 그 자체"라고 평가하고, "그런 의미에서 자유와 정의, 그리고 진실을 사랑하는 우리 대한 민국 국민 모두는 광주 시민입니다"라고 마무리했습니다. 이 마지막 부분이 원래 원고에 없었으나 윤 대통령이 추가해 넣은 것으로 알려졌고, 많은 사람이 관심을 가졌던 대목입니다.

케네디 대통령의 1963년 6월의 베를린 연설을 모티브로 삼았을 것이라는 이유 때문에 더욱 그런 것 같습니다.

1961년 동·서베를린 사이에 장벽이 설치되고 칠흑 같은 냉전의 어둠이 계속될 때, 서베를린 시민들이 동독 땅 가운데 섬처럼 고립되어 고단한 삶을 이어 가고 있을 때, 케네디 대통령은 홀연히 희망의 빛으로 서베를린을 찾아 시청 앞 광장에서 연설을 합니다.

5분 남짓한 참으로 짧은 연설이었지만, 서베를린 시민에게 희망과 용기를 주는 한편 공산주의에 대항하는 서방세계에 민주주의가 승리하리라 확신하는 메시지를 전달한, 역사에 남을 명연설이었습니다. 그 유명한 연설의 마지막 부분은 듣는 이들에게 큰 감동을 주었습니다.

"자유는 나눌 수 없습니다. 한 사람이 노예 상태에 있으면 우리 모두는 자유롭지 못합니다. 모든 사람이 자유로워지고, 여러분이 사는 이 도시가 그리고 이 나라가 하나가 되고, 또한 위대한 대륙 유럽이 평화와 희망의 세상이 되는 그러한 날은 올 것입니다. 그날이 오면 베를린 시민 여러분은 20여 년간 자유를 지키는 최전선에 있었다는 사실에 큰 자부심을 느낄 것입니다. 그들이 어디에 살건 모든 자유인은 베를린 시민입니다. 그런 의미에서 저 자신도 자유인으로서 자랑스럽게 이렇게 말합니다. 나는 베를린 시민입니다."

연설의 첫 부분은 "2천 년 전 사람들이 가장 자랑스러워한 말은 '나는 로마시민이다'입니다. 지금 자유세계 사람들이 가장 자랑스러워하는 말은 '나는 베를린 시민이다'입니다"로 시작했습니다. 첫 부분과 마지막 부분이 서로 연결되는 잘 짜인 연설이었습니다.

윤 대통령의 기념사와 전체 각료가 이례적으로 함께 참석한 것은, 윤석열 정부가 광주 시민의 마음을 헤아리며 진정성 있게 다가가고자 함을 보여 주는 상징적 사건으로서 그동안의 광주민주화운동에 관련한 논란을 상당 부분 정리한 셈입니다.

대통령의 기념사를 들으며 생각나는 시가 한 편 있었습니다. 1980년 6월 2일 〈전남매일신문〉에 실린 김준태 시인의 "아아, 광주여 무등산이여/ 죽음과 죽음 사이에/ 피눈물을 흘리는/ 우리들의 영원한 청춘의 도시여"로 시작하는 〈아아, 광주여 우리나라의 십자가여〉라는 시입니다. 광주민주화운동이 무력으로 진압되어 일단 평온을 되찾았으나 상처는 깊어질 대로 깊어진 상황에서 쓰인 시입니다. 이 시에서 광주와 무등산은 짝을 이루어 여러 번 반복되는 것처럼 무등산은 광주와 떼놓을 수 없는 존재입니다.

사소한 것이지만, 기념사에 무등산이 함께 언급되었더라면 광주 시민의 정서적 유대감을 더 고양시켰을 것이라는 생각도 해보았습니다.

아무튼 이번 기념식이 5·18 광주민주화운동을 특정 지역이나 정치 세력의 이해관계를 벗어나 국민을 통합시키는 계기로 만들고, 광주가 '우리들의 영원한 청춘의 도시'로 거듭났으면 좋겠습니다.

2022. 5. 28.

"람메르트, 이분이 바로 그런 사람입니다"

2013년 독일에 체재할 때 경험한 일입니다. 그해 9월 22일 실시된 총선에서 앙겔라 메르켈 총리가 이끄는 기민·기사 연합(기독교민주·기독교사회연합)은 311석을 얻어 과반수 의석에 5석 모자라는 승리를 거두었습니다. 사민당은 193석, 녹색당은 63석, 좌파당은 64석을 각각 얻었으며, 그 가운데 여성은 36%였습니다.

선거 결과를 보면, 중도우파인 기민·기사연합이 압승이라고 평가할 만큼 선전했지만 과반에 미치지 못하여 단독으로 정부를 구성할 수 없었고, 오히려 좌파인 나머지 3당이 연립정부를 구성할 수 있는 상황이었습니다. 그런데 이상하게도 좌파 3당이 연립정부를 구성하려는 움직임이 전혀 없었습니다. 우리나라 같으면 좌파 3당이 얼씨구나 하고 연정聯政을 구성하여 총리 및 장관 자리를 나누어 가졌을 텐데요.

의아해서 독일 교수에게 물어보니, 중도 좌파인 사민당과 극좌인 좌파당은 함께 정부를 구성하기에는 정책 노선의 차이가 너무 커서, 국민 여론은 좌파 연정에 반대하며 오히려 중도 우파인 기민·기사연합과 중도 좌파인 사민당 사이의 대연정을 선호하기 때문이라는 것이었습니다. 그래도 3당이 연정을 강행하면 어떻게 되느냐고 묻자, 그리되면 사민당은 다음 선거에서 호된 심판을 받을 것이라는 것이었습니다. 당의 정체성을 유지하며 당장의 이익이 아니라 국민의 신뢰를 얻어 후일을 도모하는 그들의 모습이 부러웠습니다.

부러운 것이 하나 더 있었습니다. 하원 의장으로 노어베르트 람메르트Norbert Lammert 라는 분이 선출되었는데, 이분은 이미 2005년부터 2013년까지 두 번에 걸쳐 의장을 역임한 분이었습니다. 그러니 3연임을 하는 셈입니다. 사이좋게 2년씩 돌아가면서 국회의장직을 나누어 맡는 우리나라의 아름다운 사정과 너무 달라 다시 "왜 의장을 한 사람이 12년씩이나 맡느냐?"라고 물었습니다. 지인은 저에게 "국회의장은 국민과 의원들의 존경을 받으며 국회 운영을 가장 잘하는 분이 맡아야 하지 않겠습니까?" 하고 물었습니다. 제가 "그야 그렇지요" 하고 대답하자, 그분은 기다렸다는 듯 "람메르트, 그분이 바로 그런 사람입니다"라고 간단히 정리해 버렸습니다.

람메르트 의장은 대학 졸업 후 18세에 기민당에서 정치를 시작해 1980년 하원에 진출했습니다. 부의장을 거쳐 2005년 처음으로 의장에 선출될 때 전체 의원 중 93.1%의 지지를 받았습니다. 역대 독일 최고의 기록이었습니다. 2009년에는 84.6%, 2013년에는 94.6%를 득표했습니다. 2016년에는 차기 선거에는 출마하지 않겠다고 선언했고, 이어서 연임을 포기한 가우크 대통령의 후임 대통령으로 강력히 추천되었으나 이마저도 물리치고 은퇴했습니다. 나이도 저와 동갑이었으니 당시 70세 이전이었습니다.

그가 2013년 하원 의장에 취임하면서 "대연정으로 인해 의원의 80%가 집권당 소속이 되었는데, 이런 상황이 과연 민주주의에 맞는지, 께름직하기도 합니다. 그렇기에 앞으로 의장 직무를 수행하면서 소수 야당의 목소리가 의회 운영에 잘 반영되도록 하는 것이 제가 해야 할 일입니다"라고 밝혔습니다. 국민과 의원들에게 존경받는 이유를 확실히 알게 해 주었습니다.

제21대 하반기 국회가 막 시작했습니다. 우리나라에서는 제1당 내의 최다선 의원 가운데 당이 추천한 의원이 국회의장으로 선출되는 것이 관례입니다. 그러나 국회의장직은 이처럼 선수選數를 쌓아 운 좋게 차지하는 자리가 아니라, 정파를 떠난 양심적이고 중립적인 국회 운영을 통해 마지막으로 국가에 봉사하는 자리입니다. 그리고 은퇴 후 국

민의 존경을 받고 나라의 어른으로 남아야 하는 자리입니
다. 우리 정치 현실이 이와는 다른 것 같아 안타깝습니다.

　이것이 람메르트 의장이 새삼스레 생각나는 이유입니다.

2022. 6. 4.

행복을 만드는 사람들

금년도 '삼성호암상' 사회봉사 부문 수상자로 하트-하트재단이 선정되었습니다. 가난과 장애, 질병으로 소외된 아동 및 그 가족의 역량을 강화하여 더불어 사는 사회를 만든다는 비전을 갖고 시작한 재단의 다양한 사업 가운데, 발달장애 청소년들이 음악을 통해 사회와 소통할 수 있도록 시작한 오케스트라 활동이 수상 이유였습니다. 즉, 장애인들이 예술로 사회와 소통하는 문화복지의 새로운 모델을 제시한 공로입니다.

발달장애인은 혼자 하는 독주獨奏는 해낼 수 있지만 서로 간의 협력과 하모니가 필요한 합주合奏를 해내기란 불가능하다고 여겨졌습니다. 그러나 그들에게 필요한 것은 타인과 교감하며 사회에 적응하는 것이었기에 끊임없이 노력하여 불가능을 가능으로 만들었습니다. 뉴욕 카네기홀 연주를 비롯해 국내외 공연을 1천 회를 넘기며 장애 극복은 물론 장애인에 대한 인식을 개선하는 데 큰 역할을 했습니다. 그동안 230여 명의 아이들이 단원으로 활동하였고 대학생으로, 어엿한 사회인으로 당당하게 살아가고 있습니다. 단원들의 음악적·사회적 성장은 단원 본인뿐만 아니라 저마다의 가정을 다시 행복한 가정으로 회복시켰습니다.

시상식에서 신인숙 이사장은 "가장 권위 있고 영예로운 삼성호암상 수상은 저희 재단에는 비할 데 없는 큰 기쁨과 영광인 동시에 우리나라 모든 복지단체에 보내 주시는 따뜻한 격려이자 응원이라고 믿습니다. 여러 사회복지 분야에서 이름도 없이, 빛도 없이 묵묵히 사명을 감당하고 계시는 많은 분과 이 영광을 함께 나누고 싶습니다"라고 인사했습니다.

울음을 참으며 하신 말씀이었기에 저는 "울음을 참지 않으셨어도 좋았을 것입니다"라고 공감하며 격려해 드렸습니다.

시상식에 이어진 만찬 행사에서 더 감동적인 장면이 연출되었습니다. 사회자가 수상자들을 만나 간단한 인터뷰를 했습니다. 신 이사장은 자신이 아니라 함께 참석한 세 단원과 어머니들의 얘기를 들어 보자고 제안하였습니다. 타악기를 하는 유용연 군, 더블베이스를 하는 홍종한 군, 바이올린을 하는 이동현 군은 자신들을 또박또박 소개했습니다.

한 어머니는 "그동안 지치고 힘들었지만 재단에 의지하며 여기까지 왔습니다. 오늘 제 생애 최고의 화려한 외출을 한 것 같습니다. 너무 감사드리고 너무 감동이고 너무 좋습니다. 우리 아들 덕분에 제 인생도 업그레이드된 것 같습니다. 힘든 과정을 꾸준히 따라와 준 우리 아들에게 감사하고, 재단 이사장님 또 선생님들 도와주셔서 너무너무 감사합니다. 앞으로도 열심히 해서 우리 힘든 아이들에게 희망이 되고 우리들도 그들로 인하여 희망을 받고 열심히 살아가겠습니다"라고 말했습니다.

또 다른 어머니는 "장애 아이를 키우는 것이 항상 노고라고 위로를 받곤 하지만 지난 세월을 돌이켜 보면 아이를 통해서 얻는 것도 되게 많다는 생각이 듭니다. 꿈을 가지고 만난 우리 단원과 가족들은 커다란 배에 탑승한 공동체입니다. 포기하지 않고 여기까지 온 것에 대해서, 삶이란 이런 거구나 하고 귀한 진리를 배운 것 같고 배우는 게 더 많습니다"라고 말했습니다.

근자에 들은 어떤 연설들보다 감동적인 스피치였습니다. 진솔하고 절실한 감사와 소망이 담겼기 때문입니다. 행사 후 이재용 부회장은 자신을 알아보고 달려든 아이들을 껴안아 주고 어머니들과 한데 어울려 사진을 찍기도 했습니다. 그들이 이날처럼 늘 행복했으면 좋겠습니다.

얼마 전에도 서울 성동구에서 40대 어머니가 발달장애가 있는 여섯 살 아들을 안고 아파트에서 뛰어내렸습니다. 유사한 사건이 반복되고 있습니다. 재난지원·손실보상 명목으로 수십조 원을 지원할 수 있는 나라가 이들을 좀 더 챙길 수십억 원의 여유는 없는지, 생각해 봅니다.

2022. 6. 11.

하느님과 어느 신부님의 대화

"오, 하느님! 내가 호암상을 받았습니다. 하느님은 이를 알고 계십니까?"

지정환 신부는 수상 소식을 듣고 하느님에게 달려가 한껏 기쁨에 겨워 자랑합니다. 하느님은 짐짓 축하나 칭찬은 감추어 두고 시큰둥하게 묻습니다.

"이 사람아! 누구의 공으로 호암상을 받는지 알고는 있느냐?"

신부는 의기양양하게 대답합니다.

"알고말고요. 40년 동안 죽을 고생을 다한 나에게 주는 상입니다."

이 말을 들은 하느님은 "제발 정환아, 내 앞에서 자화자찬하는 것이 얼마나 바보 같은지 알고 있느냐?"라고 질책합니다.

그러나 신부는 "하느님, 오랜 세월 동안 여러 곳에서 있었던 그 많은 일과 고통스러웠던 시간을 잊으셨습니까? 혹시 심사위원님들의 판단을 의심하는 겁니까?"라며 심사위원까지 끌어들여 하느님에게 항변합니다.

하느님도 물러서지 않고 다시 묻습니다.

"그러면 그 많은 일을 하던 중에 있었던 시행착오라든지 또는 실수를 심사위원들에게 말씀드렸느냐?"

신부는 마음이 뜨끔했던지 "아니오, 묻지도 않으신걸요" 하고 자기변명의 길을 마련하면서도 조금 기가 죽어 대답합니다.

전기轉機를 마련했다고 생각한 하느님은 보다 구체적으로 "그래 그래, 치즈 공장 또한 네가 치즈도 발견하고 공장도 세우고 양도 키우고 소젖도 짜고 우유도 공급하고 치즈 만드는 것까지 모두 너 혼자서 한 것 같구나. 치즈가 성공할 때까지 얼마나 많은 농민이 고생하며 참았는지 정말 모르는 것이냐?"라고 공박합니다.

신부는 이젠 풀 죽은 목소리로 "조금… 그렇죠, 사실은 그들에게 대단히 죄송스럽습니다" 하고 자복합니다.

하느님은 내친김에 또 다른 일로 신부를 다그칩니다.

"'무지개가족(중증장애인 재활센터)'에서는 어떤지 말해볼까. 욕창은 누가 치료하고 식사는 누가 준비하며 설거지나 빨래는 누가 하는고? 목욕도 시키고 이도 닦아 주고 침대에 올리거나 휠체어에 내리는 일은 신부가 하고는 있는고? 아니면 최근에 화장실 청소를 깨끗하게 한 기억이 있느냐?"

신부는 하느님이 지적한 일들은 아닌 게 아니라 다 다른 봉사자들이 한 것이지 신부가 직접으로 한 일이 아님을 상기합니다. 그리고 솔직하게 "그때가 언제였던가? … 잘 모르겠습니다"라고 완전히 기가 꺾여 답변합니다.

신부의 사랑과 헌신, 봉사의 삶을 잘 알고 있는 하느님은 장난스러운 공박이 너무 심했다고 생각하셨는지 이젠 신부를 격려하고 싶어집니다.

"물도 기름기도 없는 척박한 땅에 뿌리를 내리기란 몹시 힘들고, 열매를 기대한다는 것은 더욱 어려운 일이다. 내가 신부를 한국에 보낼 때는 좋은 환경을 준비했고, 내가 항상 신부가 하고자 하는 일을 도울 수 있는 사람들을 마련해 주었다"며 하느님이 늘 신부와 함께하였음을 알려 줍니다.

그래도 하느님은 아직도 풀이 죽어 고개를 숙인 신부가 안쓰러웠던지 "내가 너에게 하고 싶은 말이 있구나" 하고 마지막 말을 건넵니다.

"신부야! 심사위원들이 누구를 선택할까 고민하고 있을 때 내가 신부 편에 서 있었다."

신부는 하느님의 도움으로 여기까지 왔으며 심지어 상을 받는 것까지도 하느님의 도움임을 깨닫습니다. 그리고 더욱 겸손히 헌신할 것을 다짐합니다.

이상은 2002년 사회봉사상을 받은 벨기에 귀족 가문 출신 지정환Didier t'Serstevens 신부님의 수상 소감에 해설을 붙여 재구성한 것입니다.

신부님은 1959년 28세에 한국에 온 후 2019년 작고할 때까지 평생을 전북 임실 등지에서 농가 소득 향상과 장애인 재활 및 자립을 위해 헌신했습니다. 신부님은 위의 하느님과 나눈 대화 내용을 1인 2역으로 능청스럽게 연기하는 것으로 수상 소감 발표를 갈음했습니다.

역대 남성 수상자 중 유일하게 한복을 입으신 분이었습니다. 이 장면은 유튜브에도 올라와 있습니다.

어려운 사람들을 위한 신부님의 사랑과 헌신은 물론 여유와 재치가 너무 멋지고 감동적이어서 저도 조금은 장난스럽게 소개하고 싶어졌습니다.

2022. 6. 18.

'칸'에서 만난 한·중·일처럼

지난 6월 14일 한·중·일 3국 협력 사무국이 주최하는 '미래 지향적 한·중·일 협력: 지속적 평화, 공동 번영, 공통된 문화'를 주제로 하는 국제포럼이 서울에서 열렸습니다.

기조연설을 부탁받았을 때 처음에는 망설였습니다. 현재의 3국 관계가 어느 때보다 껄끄럽고 불편하여 즐거운 마음으로 나설 여건이 아니기 때문이었습니다. 그러나 이내 마음을 바꾸어 응낙하였습니다. 한·중·일 3국 협력 사무국은 제가 총리로 재직하던 2011년 서울에 개설되었고, 그때 우리 3국도 서로 협력하여 이 지역을 유럽연합처럼 평화와 번영의 땅으로 만들었으면 하는 소망을 가졌던 것이 떠올랐기 때문입니다. 그래서 정치적으로 민감한 얘기는 다 접어 두고 소박한 제 생각을 털어놓기로 작정했습니다.

3국 간 교역 규모는 해마다 증가하는 추세입니다. 교역 내용도 상호 간 부품·소재 등 중간재 및 원천기술과 완제품의 수입·수출을 통하여 각자 무역이익을 실현하고 있습니다. 이렇듯 3국은 윈윈win-win하며 상호의존성이 계속 높아지고 있습니다. 그런데도 3국 간 갈등은 커지고 있습니다.

전통적 국제정치학 이론이나 통념은 국가 간 상호의존성이 증대하면 갈등이 줄어든다고 보는데, 3국 간에는 이것이 잘 적용되지 않는 것입니다. 서양 학자들 시각에서는 이해하기 힘든 일이 벌어지고 있는 것이죠. 그래서 그들은 이를 '아시아 패러독스Asia Paradox'라고 부릅니다.

그렇지만 '아시아로의 회귀Pivot to Asia'를 선언한 미국과 '중화 부흥의 꿈'을 내세우는 중국은 G2 국가로서 패권 경쟁을 벌이고 있고, 따라서 미국의 동맹인 한국과 일본은 중국과 껄끄러운 관계에 있을 수밖에 없습니다. 또한 3국 사이에는 영토 문제와 역사 문제가 해결되지 않고 남아 있습니다. 이러한 점을 고려하면 패러독스라고 할 것은 아닙니다.

이런 때일수록 향후 이 지역을 평화와 번영의 땅으로 만들려는 3국 정부와 국민의 의지와 지혜가 필요합니다. 세 나라는 이웃 국가로서 마음대로 이사 갈 수도 없으니까요. 어려운 일이지만 3국이 신뢰를 회복하고 감정적 대립과 불신을 극복하여야 합니다. 이를 위하여, 우선 각국 정부나 정치권이 한·중·일 문제를 국내 정치와 결부하지 않을 것, 3국 국민들이 쟁점이 되어 있는 현안들에 대해 좀 더 객관적으로 다가설 것, 사람들 특히 젊은 층이 열린 마음으로 서로에게 다가가 상대방을 이해하려고 노력할 것을 강조했습니다.

다양한 민족, 언어, 종교, 문화 등의 차이에도 불구하고 많은 나라가 하나로 통합하여 평화와 공동 번영을 이루고자 하는 인류 역사의 위대한 작품인 유럽연합과 견원지간犬猿之間이던 독일 그리고 프랑스가 관계를 개선했던 역사적 사례에서 배우자고 제안했습니다. 그러면서 러시아 등 서양 세력이 만주 지역을 지배하려 들자, 이를 저지하기 위하여 한·중·일 3국이 그 지역에 '동양평화회의'라는 정치공동체를 만들고, 3국 청년들로 구성된 군대로 군사공동체를 만들고, 경제 발전을 위해 공동은행을 설립하고 공통화폐를 발행해 경제 공동체를 만들자는 안중근 의사의 〈동양평화론〉을 소개했습니다. 안 의사의 선각자적 사상은 오늘날 유럽연합의 기본 구상과 맞닿아 있으니까요.

마지막으로는 얼마 전 프랑스 칸 국제영화제에서 일본의 고레에다 히로카즈 감독이 연출한 영화 〈브로커〉에 출연한 한국 배우 송강호가 남우주연상을 받았고, 중국 여배우 탕웨이가 출연한 영화 〈헤어질 결심〉을 연출한 한국의 박찬욱 감독이 감독상을 받은 사실을 거론하며, 우리 3국이 함께 나아갈 미래의 모습이라고 말했습니다.

　그리고 이번에 고레에다 히로카즈 감독이 감독상을, 탕웨이가 여우주연상을 받았어도 우리는 좋아했을 것이라는 제 생각을 덧붙였습니다.

2022. 6. 25.

"우리가 돈이 없지 가오가 없나?"

2022년 5월 젊은 나이에 안타깝게 타계한 배우 강수연 씨가 "우리가 돈이 없지 가오가 없나?"라고 말했다는 기사를 보았습니다. 어떤 상황에서 언급한 말인지 알 수 없어 어떤 의미로 한 말인지 알 수 없지만, 우선은 비록 어려움이 있더라도 예술인으로서 자긍심自矜心을 갖고 당당하게 살아가고자 하는 의지가 담긴 말 정도로 이해했습니다.

이 말을 들었을 때 떠오른 시구詩句가 있었습니다. 서정주 시인의 〈무등無等을 보며〉의 "가난이야 한낱 남루襤褸에 지나지 않는다"라는 첫 구절입니다. 이 시를 처음 접했을 때, '무슨 시가 이렇게 시작하지, 마치 단호한 격문檄文의 한 구절 같네'라는 생각이 들었습니다.

이어지는 "저 눈부신 햇빛 속에 갈매빛의 등성이를 드러내고 서 있는 / 여름 산 같은 / 우리들의 타고난 살결, 타고

난 마음씨까지야 다 가릴 수 있으랴 / 청산이 그 무릎 아래 지란芝蘭을 기르듯 / 우리는 우리 새끼들을 기를 수밖엔 없다"를 읽자 그 뜻은 분명해졌습니다.

가난은 조금 불편하거나 누추해 보일 뿐 우리의 본성이나 자존심을 흔들 수 없는 지극히 사소한 것이며, 그렇기에 시인은 가난 속에서도 의연하고 당당하게 살아갈 것을 다짐하고 있습니다. 서정주 시인이 6·25전쟁 무렵 곤궁한 피란 생활을 하면서도, 앞날을 향한 희망을 버리지 않겠다는 각오의 표현이기도 했습니다.

가난은 결코 외면할 수 없는 현실적 문제입니다. 가난은 불편함을 넘어 자칫하면 사람을 비굴하거나 추하게 만들 수도 있으니까요. 그래서 맹자도 '유항산 유항심有恒産 有恒心'이라 하여, 사람은 재산이 어느 정도 있어야 바른 생각을 하며 사람 행세를 할 수 있다고 하였습니다. 그러나 한 걸음 더 나아가 빈자貧者이기도 부자富者이기도 원하지 않는다는 성경 속 '아굴'이라는 사람의 다음과 같은 기도를 만나면 숙연해집니다. 보통 사람은 공감은 하지만 실천하기 어려운 경지이기 때문입니다.

나를 가난하게도 마옵시고 부하게도 마옵시고 오직 필요한 양식으로 나를 먹이시옵소서. 혹 내가 배불러서 하나님을 모른다, 여호와가 누구냐 할까 하오며, 혹 내가 가난하여 도둑질하고 내 하나님의 이름을 욕되게 할까 두려워함이니이다.

– 잠언 30장 8, 9절

그러나 세상 살면서 우리를 불편하거나 추하게 만들 수 있는 것은 가난만이 아닙니다. 즉, 강수연 씨가 말하는 '돈'이나 서정주 시인이 언급한 '가난'은 그저 경제적 곤궁함만을 가리키는 것은 아닐 것입니다. 왜곡된 이념이나 인간관계, 세속적 이해와 헛된 명예심에 사로잡히는 것도 이에 해당한다는 생각이 듭니다.

2020년 9월 해경海警은 서해상에서 실종되었다가 북한에 피격 사망한 소속 공무원의 월북 여부에 대하여 "자진 월북한 것으로 판단된다"라고 발표했으나, 그로부터 1년 9개월이 지난 16일 국방부와 해경은 "월북 의도를 못 찾았다"라며 결론을 뒤집고 사과했습니다. 어차피 직접적 증거보다는 정황으로 판단한 사건인데, 추가로 발견된 자료도 없이 기존 자료를 토대로 판단을 뒤집은 것으로 보입니다. 다만 그 사이 정권만이 교체되었을 뿐입니다. 일부 언론의 보도처럼 청와대의 지침에 따라 자체 판단과는 달리 발표하였기에 이제라도 이를 바로잡고자 하는 것이라면 다행이지만 그래도 뒷맛이 개운치 않습니다. 보다 정확한 사실관계가 밝혀졌으면 좋겠습니다.

이와 유사한 일들이 가끔, 특히 정권이 교체되면서 벌어집니다. 한 정권이 아니라 나라의 신뢰를 흔드는 문제들입니다.

자신의 양심이나 판단에 충실하지 못한 사람에겐 '가난은 한낱 남루에 지나지 않는' 것이 아니라 견딜 수 없는 삶의 무게이고, 가오(일본어로 '얼굴', '체면'을 뜻함)는 떳떳이 내세울 것이 아니라 감춰 버려야 할 임시변통의 장식물에 불과합니다. 그렇기에 강수연 씨의 말은 한마디로 '당당하게 살자'를 뜻하는 것으로, 나름의 메시지를 담고 있습니다.

2022. 7. 2.

흐르는 강물처럼

미국 영화 〈흐르는 강물처럼A river runs through it〉(1992년 작)은 그 제목만큼이나 잔잔하고 평안한 느낌을 주는 영화입니다. 엄격한 장로교 목사인 아버지와 연약한 어머니 그리고 성격이 다른 두 아들의 평범한 삶을 그리고 있습니다. 오래전에 본 영화라 많은 것을 잊었지만, 그래도 미국 몬태나 지역의 청정한 자연 풍광과 아름다운 강에서 아버지와 아들들이 낚시하는 장면은 영화 포스터와 함께 아직도 기억에 생생합니다.

그 밖에 기억나는 두 장면이 더 있습니다. 하나는, 고향에 남아 지방신문 기자로 활동하며 다소 방탕한 생활을 하는 동생이 공부하러 도시로 나간 형에게 교수가 되었다는 소식을 듣고 기쁨과 감회에 젖어 혼자서 술집에서 폭탄주를 만들어 마시는 장면입니다. 그 장면을 보고 폭탄주가 끼와 재

미가 넘치는 우리의 발명품인 줄 잘못 알았음을 비로소 깨
달았습니다.

다른 하나는, 착하고 고지식한 큰아들을 아버지가 교육하
는 방식입니다. 아버지는 아들에게 어떤 주제를 주고 작문
을 하도록 합니다. 이를 해 오면 아버지는 이를 절반으로 줄
여오도록 합니다. 이를 해 오면 다시 절반으로 줄여오도록
합니다. 내용을 다치지 않게 요약하는 과정에서 중요하거나
필요한 대목과 덜 그러한 대목을 잘 가려내야 합니다. 이렇
게 하는 데에는 실력이 필요하고, 그 실력을 갖추기 위해서
는 상당한 교육과 훈련이 필요합니다. 그런 뜻에서 아버지
의 교육 방식이 아이들 교육에 큰 도움이 될 것이라고 공감
했습니다.

대학 시절 한 교수님은, 법률가는 어떤 주제에 대하여 5
분을 이야기하라면 5분에, 15분을 이야기하라면 15분에,
30분을 이야기하라면 30분에 그에 대해 가장 합당한 내용
을 담아 발표할 수 있는 능력을 갖추어야 한다고 말씀하셨
습니다. 영화 속 아버지의 교육 방식과 맥이 닿아 있는 말씀
이었습니다. 주제는 물론 구체적 내용의 중요도나 그들 사
이의 우선순위까지도 종합적으로 정확히 이해해야 가능한
일입니다. 물론 주어진 시간을 지키는 것은 당연한 전제입
니다. 이는 제가 사회생활을 하면서 늘 지키려고 노력했던
말씀이 되었습니다. 실제로도 거의 실천했습니다.

일반 행사나 학술 행사에서 원활한 진행을 위해 발언이나 발표 시간을 정해 놓은 경우가 많습니다. 그런데 주어진 시간을 효율적으로 활용하지 못해 불필요한 서론 등에 시간을 허비하고 정작 중요한 내용은 충실히 다루지 못하고 서둘러 끝내거나, 시간을 초과하여 사용하는 바람에 행사 진행에 차질을 주거나 또는 다른 참가자들을 불안하게 하는 경우도 가끔 보았습니다. 전자는 요령부득이고, 후자는 타인에 대한 배려가 없거나 정해진 룰을 무시하는 이기적 행태입니다.

예컨대 국회 회의에서는 의원들의 발언 시간을 정하고, 이를 지키도록 시간이 지나면 마이크를 끄기도 합니다. 그럼에도 마이크가 꺼진 상태에서 마무리를 위해 잠깐이 아니라 상당 시간 동안 발언을 계속하는 분을 보면 민망하고 딱합니다. 이와 달리 요령 있게 시간을 관리하여 초과하지 않거나 시간이 남더라도 억지로 채우려 하지 않고 그대로 마무리하는 의원들은 훨씬 여유롭고 당당해 보입니다. 얼마 전 P의원과 우연히 이에 관하여 이야기를 나누었는데, 자기는 시간에 맞추어 발언 내용을 준비하지만 막상 발언하다 보면 시간을 초과하게 되는 것을 알게 되어, 이제는 아예 양을 적절히 줄여 준비한다고 했습니다. 그 말을 듣고서 그분의 평소 바르고 세심한 자세를 다시 한번 확인했습니다.

'흐르는 강물처럼'이라는 구절은 '구름에 달 가듯이'만큼

이나 정감이 가는 아름다운 우리말 표현입니다. 그리고 우리에게 주어진 여건에 맞추어 넘치지도 부족하지도 않고 자연스럽게 살아갈 것을 말해 주고 있습니다.

2022. 7. 9.

넥타이 맬 줄 모르는 젊은 천재 과학자들

지난주 허준이 교수가 수학계의 노벨상으로 불리는 '필즈상'을 받았다는 소식에 많은 국민이 기뻐하였습니다. 나이가 39세로 수상 당시 나이가 40세를 넘으면 안 된다는 까다로운 조건도 충족하는 행운 또한 따랐습니다.

허 교수는 2021년 삼성호암상 과학상(물리·수학 부문) 수상자였기에 그에 관여한 저로서는 더욱 기뻤습니다. 삼성호암상 수상이 노벨상이나 필즈상의 수상으로 연결되는 중간다리 역할을 하는 것이 삼성호암상 운영의 숨은 뜻이기도하니까요. 작년부터 종전의 과학상을 물리·수학 부문과 화학·생명과학 부문으로 나누어 시상한 것도 잘했다는 생각이 듭니다. 아니었다면 수상자가 다른 부문으로 넘어갔을지도 모르지요.

훌륭한 수상자를 발굴해 주신 해외 석학들을 포함한 추천자들과 심사위원들, 그리고 허 교수의 범상치 않은 인생 스토리를 전해 듣고 인터뷰하여 이를 1월 1일 자 "아무튼 주말"에 상세히 소개해 준 〈조선일보〉 김미리 기자에게도 새삼스레 고마운 생각이 들었습니다.

허 교수가 작년 4월 호암상 수상자로 결정되었을 때 마침 서울에 머물고 있어서 그를 만날 수 있었습니다. 그의 모습은 착하고 순진한 대학생 같았습니다. 시 쓰는 일에 전념하기 위하여 부모님께 학교를 중퇴하겠다고 건의해 승낙을 받은 일, 막상 1~2년 동안 노력했으나 뜻대로 되지 않아 생각을 접고 검정고시를 치러 대학에 진학한 일 등을 재미있게 얘기했습니다.

학교를 중퇴하겠다는 말을 들었을 때 부모님은 얼마나 당황하셨을까 하는 생각과 함께, 그럼에도 허 교수의 뜻을 존중한 부모님도 참 대단한 분들이라는 생각이 들었습니다. 부모님의 그런 결단이 허 교수에게 오늘의 영광을 안겨 준 밑거름이 되지 않았을까 하는 생각도 해 보았습니다. 그래서 인생은 알 수 없는 것이라 하는지 모르겠습니다.

시상 절차의 진행을 위하여 프로필 사진을 부탁하는 과정에서 안 사실이지만, 허 교수는 그때까지 한 번도 넥타이를 매어 본 적이 없었고, 따라서 넥타이를 맬 줄 몰랐습니다. 사진사가 대신 매어 주어 필요한 사진을 마련할 수 있었습니다. 명색이 교수님인데 넥타이를 맨 정장 차림을 해 본 적이 없다니, 곤란하거나 불편한 경우가 없었느냐고 묻자 별로 느끼지 못했다는 간단한 대답이 돌아왔습니다.

필즈상 수상 가능성을 묻자 기대를 안 한다는 짧은 답이 돌아왔지만, 지금 생각하니 겸양의 말이었습니다. 핀란드에서 열린 필즈상 수상식 장면을 보니 탈착만 하면 되는 보타이(나비넥타이)를 매고 있어 아직도 넥타이를 못 매나 하며 혼자 웃었습니다.

38세의 나이에 삼성호암상을 받는 것은 이례적인 일입니다. 공로보다는 구체적 업적에 대하여 시상하기 때문에 가능한 일입니다. 그러고 보니 작년에 허 교수보다 두 살 어린 수상자도 있었습니다. 공학상을 받은 뉴욕대 조경현 교수입니다. 인공지능 번역 분야의 획기적 발전을 이끈 업적이 수상 이유였습니다. 조 교수는 코로나19 사태로 귀국하지 못하고 온라인으로 시상식에 참여했는데, 조 교수 역시 넥타이를 맬 줄 몰랐고, 끝내 노타이 차림의 사진을 보내왔습니다.

이처럼 두 교수는 30대에, 넥타이를 맬 줄 모른다는 점에서 닮았습니다. 잠깐 배우면 맬 수 있겠지만 그들에겐 넥타이는 한낱 형식에 지나지 않았겠지요.

또한 두 교수 모두 한국에서 대학을 졸업했습니다. 특히 조 교수는 카이스트를 졸업한 뒤 통례대로 미국으로 가지 않았습니다. 학교 게시판에서 우연히 본 안내문에 끌려 핀

란드로 가서 헬싱키 알토대학교에서 석·박사 학위를 받고 성공의 길을 열었습니다. 두 교수는 정해진 틀에서 벗어나 보다 자유롭게 사고하고 행동한다는 점에서도 닮았습니다. 그런데 이번 필즈상 수상식이 열린 장소가 헬싱키 알토대학교였습니다. 수상의 반가운 소식 때문에 사소한 우연의 사실조차 제게 재미있게 다가왔습니다.

임윤찬 피아니스트 등 세계적 콩쿠르에서의 우승 소식도 이어지고 있습니다. 아무튼 대한민국 젊은이들, 대단합니다.

2022. 7. 16.

'끝이 없는 위선'으로 낙태 문제 해결한 앙겔라 메르켈

지난달 미국 연방대법원이 지금까지 낙태를 헌법적 권리로 인정해 온 판례를 뒤집어 사실상 낙태를 금지했습니다. 이에 따라 미국 사회가 찬반으로 나뉘어 분열이 극심해지고 있습니다. "미美합중국이 아니라 미美분열국"이란 말이 나올 정도입니다.

　우리나라는 2019년 4월 헌법재판소가 "여성의 자기 결정권을 침해한다"며 〈형법〉 낙태죄에 헌법불합치 결정을 내린 결과, 낙태를 처벌하지 않는 '비범죄화'는 이뤄졌지만 헌법재판소가 대체 입법 시한으로 제시한 2020년 12월 31일까지 입법이 이루어지지 않아 낙태 관련 사항에 대한 입법 공백 상태가 계속되고 있습니다. 국회의 책임이라 하지 않을 수 없으나, 그만큼 민감하고 어려운 문제인 탓이기도 합니다.

흔히 낙태 허용 여부의 근거로서 '여성의 자기 결정권 존중'이나 '태아의 생명권 존중'을 들고 있으나, 전자를 대표하는 여성계와 후자를 대표하는 종교계 사이의 다툼이나 양자택일의 문제만으로 볼 수는 없습니다. 보다 진지한 철학적·종교적 성찰과 함께 여성의 건강권, 현실적 생존 여건 등을 종합적으로 고려해서 해결해야 할 문제입니다. 그렇다면 우리는 구체적으로 이 문제에 어떻게 접근할 것인가를 고민해야 합니다.

1990년 서독과 동독 사이에 통일을 위한 협상이 진행될 때 양국의 입장이 크게 달라 '통일조약'이 무산될 뻔한 문제가 하나 있었습니다. 낙태 문제였습니다. 서독 〈형법〉 제218조는 특별한 경우 이외의 낙태는 처벌하도록 규정하고, 서독 헌법재판소도 낙태는 '어머니의 자궁에서 자라고 있는 생명의 생존권을 침해하는 행위'라고 판결했었습니다. 이에 반해 동독에서는 임신 20주까지 낙태를 자유롭게 허용했습니다. 양국 간에 타협이 쉬이 이루어지지 않았습니다. 결국 그 문제는 통일 후에 다시 논의하기로 하고 넘어갔습니다.

당연히 통일 의회에서 이 문제가 논의되었습니다. 주무 장관은 여성청소년부의 앙겔라 메르켈이었습니다. 동독 출신의 개신교도이자 이 문제에 진보적 시각을 가지고 있는 메르켈은, 보수 가톨릭 신도들을 기반으로 한 소속 정당인 기독민주당의 반대에 부닥칠 수밖에 없었습니다. 반면 사회민주당, 자유민주당, 녹색당 등은 낙태를 허용하자는 쪽이었습니다.

당시 정치 지형상 진보적 법안은 지지를 얻기 어려웠으나 여론은 오히려 낙태 합법화에 찬성했습니다. 동독 지역 여성의 78%, 서독 지역 여성의 58%가 낙태 합법화를 지지했습니다.

이러한 상황에서 메르켈은 자신의 정치적 장래까지를 고려하며 타협안을 마련해야 했습니다. 메르켈은 여성들이 낙태에 의지하지 않고도 임신의 부담을 감당할 수 있도록 그들을 돕는 방법을 모색해야지, 낙태 문제에 형법을 적용하는 것은 부당하며, 대신 낙태를 원하는 여성은 먼저 의사와 일정한 상담 절차를 거쳐야 한다는 타협안을 제시하여 무분별한 낙태를 막자는 주장을 관철했습니다.

나아가 헌법재판소에 이 법률안이 헌법에 위반되지 않는지 판단을 구하는 심판을 청구했습니다. 어떤 법의 합헌성에 의심이 드는 경우 법이 효력을 발생하기 전이라도 헌법재판소에 위헌 여부의 판단을 구할 수 있는 제도를 활용한 것입니다. 헌법재판소는 나중에 합헌 판정을 내렸습니다.

동독 출신 여성으로서 콜 총리에 의하여 구색 맞추기용으로 기용된 메르켈의 이와 같은 일처리에 대해 시사 주간지 〈디 차이트〉는 "위선僞善에는 끝이 없다"고 비난했지만 민감하고 어려운 문제에 대해 꾀를 더한 지혜로운 일처리였고, 통일 독일 사회에의 화려한 데뷔라 할 만합니다.

우리는 어떻게 처리해야 할까요? 낙태를 범죄로 처벌하지 않는다는 것은 헌재에 의하여 이미 결론이 났습니다. 그렇다 하더라도 생명 존중이야말로 우리가 끝까지 지켜야 할 가치입니다. 그러므로 낙태를 최소화할 수 있는 사회적·제도적 환경을 조성하고, 불가피하게 낙태하는 경우 낙태 전후에 적절한 의료서비스와 돌봄을 제공함으로써 균형 있는 해결책을 마련해야 할 것입니다. 낙태 찬반 양쪽의 과도한 대립이나 갈등은 문제 해결을 어렵게 만들 뿐입니다.

2022. 7. 23.

분노하는 날이 아니라 미래를 다짐하는 날

다시 광복절을 맞습니다. 3·1절, 제헌절, 개천절, 한글날과 함께 5대 국경일의 하나입니다. 일제의 질곡框梏에서 해방되어 나라를 되찾은 기쁜 날이고, 부끄러운 과거를 잊지 않기 위하여 이를 기념하며 기억해야 할 날입니다.

다른 한편 70년이 훌쩍 지난 지금도 나라의 대표적 국경일로 경축해야 할지, 의문도 듭니다. 일본과 관련된 국경일이 광복절 외에 3·1절도 있습니다. 5대 국경일 가운데 두 개가 일본과 관련된 날입니다. 2012년까지는 5대 국경일 가운데 3·1절, 광복절, 개천절만이 공휴일이고 정작 제헌절과 한글날은 공휴일도 아니었습니다. 공휴일인 국경일의 3분의 2가 일본과 관련된 날이었습니다. 당시 정부가 진정으로 우리가 자랑스러워해야 할 날이 한글날이라는 국민의 뜻을 모아 한글날을 공휴일로 지정하면서 2013년부터 한글날도 공휴일이 되었습니다.

우리는 이제 모든 면에서 일본과 어깨를 겨룰 당당한 나라가 되었습니다. 그래서 자존심이 조금 상합니다. 외국 지인과 광복절이 국경일이고 공휴일이라는 이야기를 할 때면 더욱 그렇습니다. 우리나라 대부분의 재외 공관에서는 경축 행사일을 광복절에서 개천절로 바꾸었습니다.

지금도 한·일 양국은 일본군 위안부 문제와 강제 징용공 판결 문제로 갈등을 겪고 있습니다. 그 바탕에는 과거사 인식의 차이가 깔려 있습니다. 한국 사회에서는 일본은 왜 독일처럼 사죄하지 않는지 불만입니다. 반면 일본 사회에서는 일본이 사죄했는데도 한국은 거듭 사과를 요구한다며 반발합니다. 특히 전쟁 책임이 없는 세대에게 사죄를 요구하는 것은 지나치며, 한국 측이 양국 간에 체결된 1965년 한·일 청구권협정이나 2015년 한·일 위안부 합의에 반하여 새로운 주장을 하는 것은 국제법 질서에 어긋난다고 주장합니다.

협정이나 합의를 위반했다는 일본 측의 주장은 일본 나름대로 해볼 수 있는 것이기는 하지만, 사죄할 만큼 했다는 주장은 사죄의 진정성에 의문을 불러일으키는 속내의 표현이기도 합니다. 일본은 한국의 요구가 지나치다고 생각하더라도 참고 수용해야 하고, 한국은 도덕적 우위에 서서 품격 있게 일본에 대응해야 합니다.

1998년 10월 8일 한·일 간의 우호적 파트너십을 선언한 김대중 대통령과 오부치 총리의 '21세기의 새로운 한·일 파트너십 공동선언'은 그 전범典範을 보여 주었습니다.

더하여 일본이 왜 독일처럼 사죄하지 못하는지 생각해 볼 필요가 있습니다. 독일은 9개국과 국경을 직접 맞대고 있는 국가이므로 인접국과의 관계가 개선되지 않으면 국가 운영에 심대한 지장을 받는 국가이지만, 섬나라 일본은 지정학적으로 인접국과의 관계성이 낮기에 그 필요성이 상대적으로 적은 국가입니다.

또한 일본은 전쟁을 일으킨 전범戰犯 가해국이지만 원자폭탄 피폭被爆이라는 인류 최대의 비극적 피해를 겪었기에 자신들을 마치 전쟁 피해국으로 생각하는 정서가 있습니다.

독일에서도 2차 세계대전 종료 직전 연합국의 베를린, 드레스덴, 함부르크 등에 퍼부은 과도한 무차별 공격으로 희생된 민간인 피해를 둘러싼 논쟁이 없는 것은 아니지만, 독일의 주류 사회는 이를 철저히 차단하고 있습니다. 이른바 역사 상대주의적 물타기는 허용할 수 없다는 것입니다.

그리고 독일은 잘못을 회개하고 용서를 구한다는 기독교적 윤리관이 지배하는 사회임에 반하여, 일본은 천황 숭배의 국수주의國粹主義적 신도이즘의 종교관을 갖고 있었던 나라입니다.

이런 사정 때문에 일본이 독일처럼 사죄하는 데 한계가 있는 나라인지도 모릅니다. 이러한 현실을 인정하면서 문제를 풀어 나갈 필요가 있습니다.

    아무튼 광복절은 과거에 분노하며 기뻐하는 날이 아니라, 미래를 다짐하며 기념하는 날이어야 합니다.

2022. 8. 14.

야금, 독널 그리고 백제금동대향로

저는 국립중앙박물관을 자주 찾아갑니다. 집이 부근에 있기 때문이기도 합니다. 박물관을 찾을 때면 그 규모의 웅장함과 깔끔한 분위기 때문에 우리나라의 신장된 국력을 보는 듯해 기분이 좋습니다. 서울에 이만한 박물관이 없었더라면 얼마나 허전했을까 하는 생각도 해 봅니다.

연중 진행되는 각종 전시를 보면서 지식과 정보도 얻고, 과거와 현재를 오가는 상상의 나래를 펼치기도 합니다. 그리하면 잡스러운 생각이 없어지고 마음이 조금 넉넉해지는 기분을 느낍니다.

얼마 전 찾은 국립청주박물관은 도심이 아니라 청주시 외곽, 그것도 산 중턱 숲속에 자리 잡고 있었습니다. 이른바 접근편의성에서는 0점이었습니다. 개관한 것이 1987년이었다니 당시 더욱 외진 곳이었을 터인데 무슨 생각으로 이곳에 박물관을 건립하였나 하는 생각이 들었습니다. 그러나 박물관을 둘러보는 동안 창 너머로 보이는 푸른 숲과 건축가 김수근 선생이 설계한 물 흐르는 듯한 관람 동선動線 덕인지 쾌적함을 느꼈습니다. 모처럼의 박물관 관람이라면 좀 멀리 찾아가는 정도의 수고를 아끼지 않아도 좋을 성싶었습니다.

청주박물관에서는 〈야금冶金: 위대한 지혜〉라는 제목으로 특별전을 개최하고 있었습니다. 호암미술관이 기획한 '야금전'을 기반으로 국립청주박물관과 국립김해박물관 소장품을 보태어 진행하는 특별전입니다. 야금은 불로 금속을 다루는 일과 그 결과로 만들어진 것을 이르는 말입니다. 인류는 금속을 발견하고 이를 불로 다루어 생활 도구로 만들었고, 나아가 제사나 종교 의식의 상징물로도 발전시키며 그 과정에서 예술성까지 추구했습니다.

8월 말까지 청주박물관의 야금전이 끝나면 국립김해박물관으로 옮겨 전시된다고 합니다. 철鐵의 나라 가야伽倻의 본향인 김해에서는 어떤 변화된 구성으로 야금전이 이어질지 궁금합니다.

국립나주박물관은 아예 고분들이 산재한 지역인 나주시 반남면 시골 들판에 자리 잡고 있습니다. 그래서 어렵게 찾아간 방문객이 휴식하고 힐링할 수 있는 넓은 공원으로 꾸며 놓았습니다. 2013년에 신설된 젊은 박물관으로, 영산강

백제금동대향로, 백제 6〜7세기,
금동, 19x61.8cm, 국보 제287호.
국립부여박물관 소장.

유역의 고고학적 자료를 보존하고 전시하며 호남지역 발굴
매장 문화재에 대한 수장고收藏庫 기능을 담당하고 있습니다.
모든 시설이 현대적이며, 수장고 한 개는 대형 관람창을 통
해 관람객이 밖에서 들여다볼 수 있게 해 놓았습니다.

　그러나 나주박물관에서 가장 흥미로웠던 소장품은 독널
(옹관, 甕棺)이었습니다. 독널에 시신을 매장하는 방법은 이
렇습니다. 크기가 조금 다른 두 개의 항아리를 연결하여 그
안에 죽은 자의 유해를 넣고 이를 큰 봉분 안에 묻습니다. 큰
봉분 안에 가족들의 독널을 차곡차곡 함께 매장합니다. 죽

은 자들의 아파트라고 해도 좋을 성싶었습니다. 죽어서도 곁에 가까이 머무르며 함께하고자 했던 옛사람들의 애틋한 마음이 느껴졌습니다.

그래도 저의 박물관 순례 중 가장 인상적인 박물관은 국립부여박물관입니다. 백제금동대향로百濟金銅大香爐를 만날 수 있는 곳이기 때문입니다. 대향로는 1993년 부여 능산리 고분군 땅속 진흙 웅덩이에서 1,500년의 잠을 깨고 원형 그대로 발견되었습니다.

향로의 맨 위 산꼭대기에는 봉황이 날개를 펴고 서 있고, 맨 아래에는 용이 발톱으로 땅을 단단히 디딘 채 입으로는 향로의 본체를 문 형상으로 향로를 떠받치고 있습니다. 향로 본체에는 산과 계곡, 연꽃, 악기를 연주하는 신선 같은 사람들 외에도 다양한 동물들과 사람들이 부조되어 있습니다. 그 정교한 세공술이 놀랍고, 백제인이 꿈꾸었던 이상세계理想世界를 엿보노라면 가슴이 먹먹해져서 그 앞을 떠날 생각을 잊고 한없이 바라보게 됩니다.

전국 각지 14개의 국립박물관 중 아직 가 보지 못한 곳이 몇 군데 있습니다. 틈내어 찾아볼 생각입니다. 박물관은 우리들의 정신문화 발전소이니까요.

2022. 8. 20.

2부

우는 자들과 함께 울라

"우는 자들과 함께 울라"

지금도 어렴풋이 떠오르는, 신문에서 본 사진 한 장이 있습니다. 대홍수로 수많은 마을과 전답이 끝 간 데 없이 물에 잠긴 현장에서 박정희 대통령이 손으로 목 뒷덜미를 잡고 망연자실하여 우두커니 서 있는 모습입니다.

평범한 사진 한 장에 지나지 않지만, 대통령은 수해를 입은 이재민과 아픔을 함께하고 국민도 그 안타까움에 공감할 사진입니다. 이처럼 사진 한 장이나 말 한마디가 긴 여운이나 파장을 남기는 일이 흔히 있습니다.

작년 7월 서부 독일에 큰비가 내려 수많은 사상자가 발생하고 가옥들은 휩쓸려 갔습니다. 당시 9월 총선을 앞두고 여론조사에서 선두를 달리며 차기 총리로 유력했던 노르트라인베스트팔렌주 주지사 아르민 라셰트는 수해 현장에서

파안대소하는 모습이 TV 카메라에 잡히는 바람에 국민의 신뢰를 잃어 선거에서 패배했고, 총리직은 그렇게 날아가 버렸습니다. 슈타인마이어 대통령이 인터뷰하는 장면의 배경에서 포착된 모습이었으나 언론은 이를 놓치지 않았고 국민의 반응은 싸늘했습니다.

한편 서독 5대 총리 헬무트 슈미트는 함부르크시 내무 책임자Innensenator로 근무하던 1962년, 함부르크 대홍수 때 구원자 역할을 멋지게 했습니다. 효과적인 위기관리로 피해를 최소화함으로써 명성을 떨쳤습니다. 당시 헌법상 국내 문제에 군대 투입을 금지하고 있었으나 슈미트는 법적 근거를 따질 수 없다며 경찰과 구조대 외에 군대를 동원했습니다. 그 결과 수천 명의 인명 피해를 막았습니다. '해결사'라는 별명도 얻었습니다. 그 일은 그의 정치 역정에서 두고두고 큰 자산이 되었습니다.

독일의 7대 총리 게르하르트 슈뢰더는 2002년 9월 선거를 앞두고 결코 재선을 장담할 수 없는 상황이었습니다. 그런데 8월 중순, 수 세기 만에 큰 홍수가 발생했습니다. 슈뢰더는 선거운동을 미루고, 장화를 신고 작업복을 입고서 현장을 열심히 누볐습니다. 슈뢰더는 위기관리자로서 미디어에 비치면서 유권자의 마음을 얻었습니다. 특히 구동독 지역에서 더 많은 점수를 얻었습니다. 엘베강과 주변 샛강의 황토색 물결이 독일에서 사라져가는 연대連帶 감정을 불러일으켰습니다. 이는 선거에서 승리할 수 있었던 요인 중 하나로 작용했습니다.

　세월호 침몰로 박근혜 정부는 온갖 비난과 공격을 받았습니다. 왜곡되고 과장된 내용이 많이 있었지만, 초기에 현장의 대응이 미흡했고 중앙 정부도 안일한 대응으로 그 빌미를 제공했습니다. 우선 유족들의 마음을 확실하게 위로하지 못했고, 심지어 정부 나름의 원칙적 대응이 유족 측과 대립하는 모습으로 비쳤습니다.

　세월호 사건은 단순한 사건이 아니었습니다. 수많은 희생자 대부분이 어린 학생들이었고 침몰 당시의 참혹한 상황이 실시간으로 전해진 사건인 만큼 정부는 국민과 유족들의 마음을 헤아려 좀 더 사려 깊게 대처해야 했습니다. 정부 수뇌들이 사건 발생 초기부터 유족들을 부둥켜안고 우는 심정으로 현장을 지키며 관리해야 했습니다. 아무튼 일부 정치 세력 등이 그 틈새를 파고들어 정권을 궁지로 몰아넣었고, 이것이 정권 붕괴의 한 원인이 되었습니다.

　이처럼 정치지도자가 재난 등 국가 위기 상황에서 어떻게 처신하느냐에 따라 국정 운영의 성패가 갈립니다. 국민과 함께하는 진정성 있는 대처는 국정 동력을 부여할 것이고, 보여주기식 쇼맨십은 오히려 그 반대가 될 것입니다. 낮은 자세로 국민을 섬기는 겸손한 자세가 성공한 정부를 만드는 길입니다.

> 즐거워하는 자들과 함께 즐거워하고 우는 자들과 함께 울라. 서로 마음을 같이하며 높은 데 마음을 두지 말고 낮은 데 처하며 스스로 지혜 있는 체하지 말라.
>
> – 로마서 12장 15, 16절

정치인이나 고위 공직자는 물론 우리 모두 마음에 새겨야 할 경구警句입니다.

2022. 8. 27.

좋은 사람들은 곳곳에 있습니다

9월 2일은 안중근 의사가 태어나신 날입니다. 해마다 이날에 서울 남산 안중근의사기념관 안 의사 좌상 앞에서 간소한 탄신 기념행사가 열립니다.

그러나 탄신 무렵 가장 뜻깊은 행사는 일본 미야기현宮城縣 구리하라시栗原市 소재 대림사大林寺에서 열립니다. 대림사에서 매년 9월 초 그곳에 사는 일본 분들이 모여 안중근 의사를 기리는 법요식法要式을 열고, 한국 측에서는 센다이 총영사와 한국에서 찾아간 인사들이 참여합니다.

"동양평화기원, 민족의 영웅 안중근, 정애情愛의 지사 지바 도시치"라는 석비石碑가 세워진 근처에 있는 청운사青雲寺에서도 비슷한 행사가 열립니다. 저녁에는 한·일 양국 인사들이 모여 양국의 전통 예악禮樂을 곁들인 '한·일 친선의 밤'을 갖고 친목을 도모합니다.

이런 행사의 출발점에는 지바 도시치千葉十七라는 인물이 있습니다. 지바는 안중근 의사를 뤼순 감옥에서 감시·경호한 헌병 상등병입니다. 그는 처음에는 이토 히로부미 사살에 크게 분노하며 안 의사에 대해 적개심을 가졌으나, 안중근 의사의 감옥 생활이나 재판 과정을 보면서 생각이 바뀌게 됩니다. 안중근 의사가 개인적 감정에 기한 것이 아니라 동양평화와 한국의 독립을 위하여 이토를 사살한 것을 알고 안 의사에게 미안한 마음을 전합니다.

이에 안중근 의사는 '당신은 일본 군인으로서, 나는 대한제국 의군義軍 참모중장으로서 각자 나라를 위하여 일한 것이니 나에게 미안한 생각을 가질 것이 없다'고 지바를 위로합니다.

두 사람은 한·일 화해에 관해 이야기를 나누었고, 지바의 요청에 따라 안중근 의사는 "위국헌신군인본분爲國獻身軍人本分(나라를 위해 헌신하는 것이 군인의 본분이다)"이라는 글을 써줍니다. 안 의사가 쓴 수많은 유묵 중 사형 전 마지막으로 쓴 것입니다.

지바는 36세에 퇴역하여 고향 구리하라로 돌아가 집에 위 유묵을 걸어 놓고 제사를 지냅니다. 고향 사람들에게도 안 의사 의거의 참뜻과 인품을 알려 마을 사람들은 안 의사를 존경하게 됩니다. 지바가 사망한 뒤에는 그의 처가 유묵 앞에서 날마다 기도를 드렸다고 합니다.

유묵은 조카인 미우라 구니코가 소중히 보관하다가 1979
년 안중근 탄생 100주년에 한국에 기증합니다. 2년 후 대림
사에 '위국헌신군인본분'이 새겨진 안중근 현창비顯彰碑가 절
앞마당에 세워집니다. 그리고 매년 본당 중앙에 걸린 "위국
헌신군인본분"(복사본) 앞에서 법요식이 열립니다. 이런 사
실을 알게 된 한국 분들이 법요식에 참여하기 시작하여 양국
합동 행사가 되었고, 한·일 친선행사로 발전했습니다. 그곳
일본 분들도 매년 3월 26일 서울에서 열리는 안 의사 순국
기념일에 참석합니다. 그러나 코로나19가 발생한 탓으로
2020년부터는 상호 방문은 중단되었습니다. 올해도 마찬가
지입니다.

일본 미야기현 구리하라시 대림사 소재의 안중근 의사 현창비.

대림사에 이르는 도로변에 한글과 일본어로 병기된 '안중근기념비' 안내판이 설치되어 있습니다. 2014년 1월 9일 중국 하얼빈역에 안중근 기념관이 세워지자 1월 20일 스가 관방장관은 "유감스럽다. 안중근은 테러리스트일 뿐이다"라고 논평한 것을 계기로, 일본의 일부 정치인과 언론이 공비公費로 범죄자의 안내판을 세우는 것은 잘못이라는 옹졸한 지적을 했습니다.

당시 무라이村井 미야기현 지사는 "그렇게 생각하는 사람이라면 밖에서만 비판할 것이 아니라 실제로 찾아와서 안내판도 보고 안내판대로 방문하여 사찰 측 이야기도 들어 보라. 나도 그리하였다. 주지로부터 이야기를 들어 보니, 또 대림사가 하고 있는 일을 보니 일본인이 참 훌륭하다는 생각, 이는 세계에 자랑스럽게 알릴 수 있는 스토리라는 생각이 들었다"라고 말했습니다.

좋은 사람들은 곳곳에 있습니다. 안 의사 탄신일을 맞아 드는 생각입니다.

2022. 9. 3.

그래서 우리는 우울합니다

올해는 추석이 다른 해보다 일찍 지나갔습니다. "더도 말고 덜도 말고 한가위만 같아라"라는 말처럼, 우리 조상들은 추석 때면 더위를 떠나보낸 좋은 날씨 속에 풍성한 음식을 장만하여 가족 친지와 더불어 즐겁게 지냈기에 한평생의 삶이 늘 그와 같기를 소망했습니다. 지금 세상이 많이 변했지만 우리 마음속의 염원은 여전합니다.

그러나 이번 추석을 맞으며 드는 제 생각은 이와 사뭇 달랐습니다. 태풍 힌남노의 영향으로 많은 국민이 피해를 입었고, 포항에서는 어처구니없는 사고로 많은 사람이 목숨을 잃었습니다. 특히 "어머니, 잘 키워 주셔서 고맙습니다"라고 마지막 말을 남기고 세상을 뜬 15세 소년과 그 어머니의 사연이 가슴을 아프게 합니다. 그래서 우리는 우울합니다.

모처럼 가족들이 반갑게 만났지만 나눈 이야기는 우울한

것들이었습니다.

코로나19 사태는 언제쯤 종식될지 알 수 없는 상황에서 고물가·고금리·고환율로 경제 사정은 어렵고, 미·중 패권 갈등과 우크라이나 전쟁 등 세계정세의 불안으로 우리의 앞날도 가늠하기 어렵습니다. 이런 때일수록 국민에게 희망을 주고 해결책을 내놓아야 할 정치권은 '타협 없는 대립과 갈등', '부끄러움을 모르는 거짓말', '참을성 없는 증오의 표출', '미주알고주알 상대방 흠집 내기' 등에 매몰되어 있습니다. 그래서 우리는 우울합니다.

우리를 우울하게 하는 것은 또 있습니다. 추석을 앞두고 광주에서 보호종료아동 두 사람이 극단적 선택을 했습니다. 그 선택을 하기까지 얼마나 외롭고 힘들었을까 생각하면 가슴이 먹먹해집니다. 보호자가 없거나 보호자에게 양육을 받을 형편이 안 되는 아동들은 아동보호시설에서 생활을 하다가 18세가 되면 시설에서 퇴소하여 자립하게 됩니다. 이른바 '보호종료아동'입니다. 평범한 가정의 청소년들이 부모님께 도움을 받아도 독립하기 쉽지 않은데, 더군다나 이들이 독립한다는 것은 결코 쉬운 일이 아닙니다. 마치 황야에 내몰린 것처럼 막막할 것입니다. 사전 준비가 필요한 이유입니다.

정부는 보호아동이 자립을 충분히 준비할 수 있도록 보

호가 종료되는 나이를 만 18세에서 본인 의사에 따라 만 24세까지 연장할 수 있도록 하고, 매월 지급하는 자립 수당을 인상하고 지급 연수도 연장하는 등 배려하고 있습니다. 정부 밖에서도 많은 사람이 관심을 갖고 적극적으로 돕고 있습니다.

대표적인 사례가 2015년부터 어느 대기업이 10개 지방자치단체에 '희망디딤돌센터'를 실립하여, 보호종료아동에게 최대 2년간 1인 1실의 원룸형 숙소를 제공해 안정적으로 자립 생활을 준비할 수 있도록 한 것입니다. 교육과 상담을 통해 요리와 건강관리법 같은 생활지식, 돈을 관리하는 법이나 취업 정보를 제공하는 등 자립을 위한 개인 역량을 키울 수 있도록 도와줍니다. 2013년 그 대기업의 임직원들이 모아 기부한 250억 원에 회사가 250억 원을 보탠 것이 사업의 종잣돈이 되었습니다. 매년 임직원들의 기부금이 보태어져 2016년부터 현재까지 전국 10개 지역에 13개 센터를 개설했습니다. 오는 11월에는 목포와 순천에, 2023년에는 충북에도 센터를 개설한다고 합니다. 그러나 매년 2천 명 이상의 보호종료아동이 사회로 나오는 현실에서 아직 갈 길은 먼데, 불행한 일이 다시 생겼습니다. 그래서 우리는 우울합니다.

문득 총리로 재직하던 시절, 마포에 있는 어느 아동보호

시설을 방문했을 때 일이 생각납니다. 여대생으로 보이는 한 청년이 아이들과 놀고 있어서 원장님에게 누구냐고 물었더니 그 시설 출신 보호종료자라고 했습니다. 주말이면 고향집 찾아오듯 찾아와서 아이들과 놀다 돌아간다는 말을 듣고 어쩐지 짠하고 가슴 뭉클했던 기억이 있습니다. 지금은 30대 초반이 되었을 그 여성이 어디선가 행복하게 잘 살고 있는지 궁금합니다.

2022. 9. 17.

'길 떠나는 가족' 그리고 '까마귀가 있는 밀밭'

제가 이중섭을 안 것은 1986년입니다. 당시 법원이 서소문
에 있을 때 우연히 근처 호암갤러리에서 열리는 〈이중섭 특
별전〉을 관람한 것이 계기가 되었습니다. 그의 독특한 작품
세계와 한국과 일본으로 헤어진 가족, 가난·병고와 요절天折
등 불우한 인생 역정을 알게 되어 이중섭을 안타까워하면서
도 좋아하게 되었습니다.

　새, 닭, 소, 게, 벌거벗은 아이들과 가족 등, 서양화와는
별로 어울리지 않을 것 같은 대상을 소재로 삼아 자유롭게
그려 낸 순진무구한 작품은 우리의 마음을 참 따뜻하게 합
니다. 특히 궁핍함 속에서 엽서나 담배 포장용 은종이에 참
을 수 없다는 듯 열정적으로 그려 낸 것은 단순한 작품 활동
이 아니라 아내와 두 아들에 대한 사랑의 표현으로, 그의 생
존의 근거이자 이유로 보였습니다.

2011년 5월에는 제주평화포럼에 참석한 길에 서귀포에 있는 '이중섭미술관'을 찾았습니다. 신설 미술관으로 이름에 걸맞은 많은 작품을 소장하고 있지는 않았지만, 근처에 자리한 이중섭 가족이 살았던 집을 볼 수 있어 좋았습니다. 6·25 동란 중 피란해 1.5평 남짓한 방 한 칸을 얻어 네 식구가 살았다는 집입니다. 참으로 옹색한 방 한 칸이었지만 그래도 온 가족이 살을 부대끼고 살았기 때문에 이중섭에게는 가장 행복했던 시절이었을 성싶었습니다.

그 후 경제적 곤궁 때문에 아내와 두 아들을 일본으로 보내고 그들에 대한 애타는 그리움으로 그림을 그려 내다 수년 후 40세 아까운 나이에 세상을 떴습니다. 그의 작품 〈길 떠나는 가족〉이 그의 마음을 잘 표현한 작품으로, 제가 가장 좋아하는 그림입니다.

남편은 소달구지를 끌며 행복에 겨워 고개를 젖혀 하늘을 바라보고, 아내와 두 아이는 소달구지 위에서 꽃을 뿌리고 비둘기를 날리고 있습니다. 당연히 이중섭 가족을 형상화한 작품입니다. 그에겐 가족이 함께하는 삶이라면 고단한 삶조차도 축제의 즐거움이었습니다.

며칠 전 국립현대미술관에서 열리고 있는 〈이건희 컬렉션 특별전: 이중섭〉을 관람했습니다. 이건희 회장의 유족이 2021년 4월 기증한 작품 중 이중섭의 작품 90여 점과 미술관 소장품 10여 점을 모아 구성한 전시회입니다. 이중섭의

이중섭, 〈길 떠나는 가족〉, 연도 미상, 엽서화, 20.5x26.5cm.
이중섭미술관 소장.

작품을 더 많이 모아 전시했더라면 하는 아쉬움은 있었지만, 제게는 1986년 전시회에서 느꼈던 감회를 되새기는 기회가 되었습니다. 이중섭 작품 일부가 서귀포 이중섭미술관에도 기증되었으니 그곳의 전시도 더 풍성해졌을 것입니다.

이중섭을 생각하면 떠오르는 다른 화가가 있습니다. 빈센트 반 고흐입니다. 불우한 생애 등 많은 점에서 이중섭과 닮았습니다. 그도 생전에는 작품 한 점 변변히 판매할 수 없었지만 세상을 뜬 후에 대중의 사랑을 받는 유명한 화가가 되었습니다.

저는 2013년 독일 체재를 마친 뒤 귀국을 앞두고 암스테

르담의 반 고흐 미술관, 파리의 오르세 미술관, 그리고 그가 죽기 전 70일 동안 살았던 파리 근처 오베르쉬르우아즈 마을을 둘러보는 호사를 누렸습니다. 그를 향한 관심과 연민의 마음이 더욱 깊어졌습니다.

그 마을에서 사 주는 사람도 없는 그림을 하루에 한 점 이상 그려 냈던 열정은 도대체 무엇을 의미하는지 궁금했습니다. 이해할 듯하면서도 이해할 수 없었습니다. 자살 직전 슬픔과 외로움 속에서 그렸다는 〈까마귀가 있는 밀밭〉의 배경이 된 마을 뒤편 언덕의 들판에서, 많은 사람이 그림과 현장을 비교해 보며 서성거리다가 근처에 있는 고흐의 묘소를 찾아갑니다. 그리고 사이가 좋았던 동생 테오와 함께 나란히 누웠기에 덜 외로워 보이는 고흐의 묘소에서, 사람들은 안타까움을 조금은 덜어냅니다.

두 천재 화가가 사후에 누린 영광을 생전에 조금이라도 나누어 누렸더라면 얼마나 좋았을까 하는 세속적 상상을 해 보지만, 예술은 세속世俗 저편의 일이기에 다 부질없는 생각입니다.

2022. 9. 24.

테오 좀머 씨에 대한 생각

신문에 난 한 외국인의 부음訃音 기사를 보는 순간 가슴이 덜컥 내려앉았습니다. 92세를 일기로 세상을 뜬 독일 언론인 테오 좀머Theo Sommer 씨입니다. 11월 초 베를린에서 열리는 한·독 포럼에서 만날 것을 기대하고 있었는데 그만 허사가 되었습니다.

그는 독일의 유명 시사 주간지 〈디 차이트〉의 정치부 기자, 편집장과 공동 발행인을 거치며 외교 안보 등 국제 관계에 천착하여 취재 및 저술 활동을 했던 독일 언론계의 거목입니다. 그가 발행인이었을 때 공동 발행인이 독일 총리를 지낸 헬무트 슈미트였습니다. 존경받는 두 분, 대정치가와 대기자가 이끄는 〈디 차이트〉가 얼마나 품격 있고 영향력 있는 신문이었을까 생각하면 부럽습니다.

그는 튀빙겐대학에서 '1935년과 1940년 사이의 독일과 일본의 관계'를 연구하여 박사학위를 받았습니다. 그만큼 아시아에 대한 관심이 컸습니다. 특히 한국에 각별한 관심과 애정을 갖고 2002년 시작된 한·독 포럼의 독일 측 의장을 맡아 지금까지 크게 기여했습니다.

한·독 포럼은 2002년 6월 29일 서울에서 요하네스 라우독일 대통령과 이한동 국무총리가 참석한 가운데, 테오 좀머 대기자와 최정호 교수가 공동으로 사회를 보며 발족했습니다. 포럼은 양국 전문가들이 매년 한국과 독일을 오가며정치·외교·안보·교육·문화·보건·복지 등 다양한 분야의현안을 토의하고 그 성과를 정리해서 양국 정부에 건의서를제출했습니다. 저는 2016년부터 포럼에 참석했는데, 그때테오 좀머 씨를 처음 만났습니다. 그는 18년이나 나이가 많으면서도 마치 오랜 친구처럼 대해 주는 참 따뜻한 분이었습니다.

포럼은 양국의 기조 발제자가 각각 지난 1년간 자국의 정치·경제·사회적 현실을 분석하여 소개하고 전망을 내놓는것으로 시작합니다. 독일 측의 기조 발제는 테오 좀머 씨의몫이었습니다. 그의 간명하고 요령 있는 발표에서 언론인의실무적 감각과 경험에서 우러나는 지혜를 배웠고, 저도 한국의 정치·경제·사회적 현실 등을 독일 참가자에게 소개했습니다.

막간에 그와 나누는 대화는 현자賢者와 한 대화로 참 유익했습니다. 그래서 매년 그를 만나는 것이 포럼에 참가할 때마다 제가 누리는 작은 즐거움이 되었습니다. 그런데 이제 그를 볼 수 없게 되었습니다. 그래서 11월 베를린으로 향하는 발걸음이 조금은 허전할 것 같습니다.

그의 사상적 배경은 사회사유주의로서 합리적 진보였습니다. 그렇기에 사민당 출신 헬무트 슈미트 총리가 국방장관이었을 때 국방부 기획부서에서, 그리고 〈디 차이트〉에서도 공동 발행인으로 함께 일했습니다. 그러나 그는 결코 진영에 휩쓸리지 않고 언론인으로서 객관적 자세를 유지했습니다. 독일 통일을 이룩한 우파 기민당 출신 헬무트 콜 총리에 대한 평가가 이를 말해 줍니다.

그는 2014년 〈중앙일보〉 김영희 대기자와의 인터뷰에서 "나는 콜 총리의 팬은 아니지만 그가 통일을 위해 내린 결단을 지지합니다. 비스마르크가 '신이 역사 속을 지나갈 때 그 옷자락을 놓치지 않고 잡아채는 것이 정치가의 임무다'라고 한 말이 있어요. 콜은 그 말 그대로 눈앞에 전개된 기회를 놓치지 않고 주변국의 우려에도 불구하고 통일 정책을 밀어붙였어요. 일부에선 통일을 서두르지 말고 몇 년 과도기를 두자는 의견도 나왔지만 콜은 듣지 않았어요. 그의 판단은 옳았습니다"라고 밝혔습니다.

그러면서 그는 "역사학도로서 나는 역사의 수레바퀴를 움직인 개인의 힘을 믿습니다. 그러나 어떤 정치인이 비범한지 평범한지는 역사적 순간이 닥쳐오기 전에는 판단하기 힘듭니다. 콜 총리 역시 독일 통일의 기회가 닥치기 전인 재임 초기엔 평범하고 감동을 주지 못하는 정치인이었습니다. 하지만 그는 통일의 기회를 확실히 붙잡았고 그 후에는 아무도 그의 역량을 의심하지 않았습니다"라고 덧붙였습니다.

자기와 다른 진영에 속한 정치인에 대한 최대한의 찬사였습니다. 그는 분명 훌륭한 언론인이었습니다.

2022. 10. 1.

안동의 자부심, "한국 정신문화의 수도"

경상북도 안동 분들의 자부심은 대단합니다. 안동이 우리 민족 정신문화의 중심지라고 자부하며, "한국 정신문화의 수도"라고 주장합니다. 이미 16년 전 이 표현을 독점적으로 사용하고자 특허 출원까지 해 놓고서 나름대로 그 내실을 다져가고 있습니다.

그 가운데 하나가 한국정신문화재단이 2014년부터 주관하는 국제 행사인 '21세기 인문가치포럼'입니다. 스위스에 세계 최고 권위의 경제 포럼인 다보스 포럼이 있다면, 안동에 세계 최고의 정신문화 포럼을 만들겠다는 것입니다. 물질문명과 과학기술의 발전은 인간 삶의 풍요와 편익을 제공했지만 오히려 불평등의 심화와 인간성의 상실을 가져왔다고 보고, 그 해결 방안으로 인류사회에 적합한 보편적 인문가치를 제시한다는 것입니다. 실로 야무진 꿈입니다.

지금은 가히 '포럼 전성시대'라고 할 만큼 많은 포럼이 개최되고 있지만, 대부분 경제나 정치에 관련된 것임을 생각하면 정신문화를 주제로 하는 안동 포럼은 나름대로 의미를 갖습니다.

저는 2014년 제1회 포럼에서 축사를 했는데, 금년 9월 열린 제9회 포럼에 다시 초청받아 기조 강연을 했습니다. 제 이름 가운데 '황滉' 자가 퇴계 이황李滉 선생에게서 따온 것을 알고 저에게 친근감을 갖고 다정하게 대해 주는 안동 지인들이 계시기 때문인지도 모르겠습니다. 물론 우스개 삼아 생각해 본 것입니다.

기조 강연의 제목은 '대한민국, 진정한 선진국으로의 길'이었습니다. 우리나라가 경제적으로 선진국에 들어섰음에도 불구하고 국민의 행복감은 오히려 떨어지고 사회는 더 분열되어 갈등과 대립이 심화하고 가족관계도 해체되며 자살률이 증가하는 등 사회적 병리 현상이 증가하는 우려스러운 상황을 맞고 있습니다. 짧은 기간 압축적으로 이룬 산업화와 민주화 과정에서 생긴 과도한 경쟁, 물질만능주의, 성과지상주의, 승자독식, 절차 무시, 탈법과 편법, 빈부 격차에 따른 사회 양극화 등 때문입니다. 정치가 이런 문제를 해결해야 하는데 제대로 역할을 못 하고, 오히려 편 가르기로 갈등과 대립을 부추기고 포퓰리즘이 만연하고 있는 형국입니다.

이를 해결하기 위해서는 물질적 요소와 정신적 요소가 조화롭게 균형을 이루는 사회를 만들어야 하고, 이는 정부와 민간의 협력 위에서만 가능하다며 제 나름의 방안을 제시했습니다.

그러면서 우리 국민이 고쳐야 할 보다 근본적인 병폐들을 지적했습니다. 우리의 허물을 들춰내는 것이어서 주저되었으나 어쩔 수 없다는 생각에 결행했습니다.

첫째, 준법의식 부족입니다. 일제와 독재 시대를 지나며 국민이 법을 사회 공동선共同善을 위한 도구가 아니라 통치 수단이나 강자를 위한 도구로 인식하는 경향 때문입니다. 법률이 우리 모두를 위해 필요한 사회적 도구임을 인식하고 이를 준수해야 합니다.

둘째, 부정직성입니다. 정직하지 않다는 점입니다. 사기詐欺, 위증僞證, 무고誣告, 잘못된 고소·고발 사건 등이 너무 많습니다. 이웃 나라 일본과 비교할 때 더욱 그렇습니다. 어렵고 힘든 시대를 살아가는 과정에서 생긴 잘못된 풍조이지만 시정해야 할 대목입니다.

셋째, 생명 경시 풍조입니다. 자살과 불법낙태가 세계에서 가장 높은 수준입니다. 우리 사회의 부끄러운 한 단면입니다.

넷째, 폭력성입니다. 다툼이 있을 때 너무 쉽게 폭력을 행사합니다. 또한 가정폭력, 학교폭력과 인터넷상의 악성 댓

글 등 언어폭력도 증가하고 있습니다. 나라의 품격에 관련된 문제입니다.

다섯째, 육체노동 천시賤視 경향입니다. 육체노동과 정신노동은 그 가치에 차이가 없습니다. 필요한 역할을 분담하는 한 형태일 뿐입니다. 비록 일부 현상일지라도 이런 문제들이 해결될 때 대한민국은 진정한 선진국이 될 것입니다.

이번 안동 여행에서 처음 알게 된 사실을 하나 소개합니다. 안동이 대전보다 위도상 더 북쪽에 있다는 점입니다. 저만 몰랐나요? 혹시 그럴 리가, 하고 생각하시는 분들은 지도로 확인해 보시기 바랍니다.

2022. 10. 8.

우리 민족에게 주어진 축복

2022년 10월 9일은 576돌을 맞는 한글날이었습니다. 세종대왕께서 1446년 한글을 반포하신 것을 기념하는 날입니다. 국경일이나 각종 국가기념일 가운데 가장 자랑스러운 날은 한글날입니다. 우리만의 문자가 없거나 알파벳 등을 빌려 우리말을 표기해야 한다면, 생각만 해도 끔찍합니다. 우리 민족의 정체성은 온전히 유지될 수 있었을까, 아니 당당한 독립 국가로 존속할 수 있었을까 하는 생각까지 듭니다. 그런 의미에서 세종대왕의 한글 창제·반포는 어떤 왕조의 교체나 외침에 따른 전쟁보다도 우리 역사의 가장 중대한 변곡점變曲點이었습니다. 한글 창제는 기적 같은 일이고, 우리 민족에게 주어진 축복입니다.

우선 한글은 세계의 수많은 글자 가운데 만든 이와 만든 시기가 알려져 있는 독특한 글자입니다. 세계의 언어학자들은 한글을 가장 독창적이고 과학적인 문자로 평가하고 있습니다. 무엇보다 한글은 배우기 쉽고 쓰기도 편합니다. 단 24개의 자음과 모음을 합성해 만들어 낼 수 있는 글자가 1만 1,172자에 이릅니다. 그렇기에 한글은 정보화 시대에도 가장 적합한 문자입니다.

한글이 만들어진 것은 자유로운 소통을 통해 백성의 불편을 해소해 주려는 세종대왕의 '백성이 하늘以民爲天'이라는 지극한 애민愛民 정신이 그 출발점입니다. 특히 일제의 폭압 통치기인 1926년, 오늘날 한글학회의 전신인 조선어연구회가 '가갸날'을 정해 민족정기를 되살리기 위하여 노력했고, 일제는 1942년 조선인 민족말살정책의 하나로 한글 연구를 한 학자들을 민족의식을 고취하였다 하여 탄압·투옥했음에도 이에 굴하지 않고 맞서 투쟁했습니다. 이처럼 한글 사랑은 독립운동의 중요한 부분을 차지하기도 했습니다.

이렇듯 소중하고 자랑스러운 한글을 아끼고 지키는 데 더 많은 정성을 쏟아야 하는 것은 당연합니다. 그러기 위하여 한글날을 단순한 국경일에 그치는 것이 아니라 온 국민이 진정으로 함께 즐거워하는 날로 삼았으면 좋겠다는 생각을 늘 하던 차에 이를 실천할 기회를 잡았습니다.

2011년 총리로 재직할 때 일입니다. 당시 한글날은 국경일이지만 공휴일은 아니었습니다. 5대 국경일 가운데 공휴일은 삼일절·광복절·개천절 3일이었습니다. 일제 침략으로 수치를 당하다 마침내 해방되었지만, 70여 년이나 지난 지금도 일본과 관련된 두 날이 국경일이자 공휴일이고 한글날은 공휴일이 아니라니, 부끄러운 일이었습니다.

우선 한글날을 공휴일로 만들어 진정한 국민 축제일로 삼자고 생각했습니다. 한글학회 인사들, 최광식 당시 문체부장관과 상의한 뒤 이명박 대통령님과의 주례 회동에서 제 의견을 말씀드렸습니다. 대통령께서는 처음에는 쉬는 날이 늘어나는 것에 대한 국가 경제의 부담을 우려하셨습니다만, 저의 진언에 양보하시고 제 의견에 동의해 주셨습니다.

2012년 말 국무회의에서 한글날을 공휴일로 지정했고, 이듬해부터 공휴일이 되었습니다. 정부는 한글학회와 함께 광화문 광장 세종대왕 동상 앞에서 공휴일 지정을 축하하는 행사도 열었습니다.

세종대왕이 한글을 창제하신 경복궁 그리고 세종대왕 동상, 세종문화회관 옆 광장의 '한글글자마당', '조선어학회 한말글수호기념탑', 세종문화회관 뒤편 '세종 예술의 공원'과 이어지는 '한글가온길' 등 광화문 일대를 세종대왕 관련 이야기로 채우고 전국 각지에서 관련된 축제를 함께 벌이는 한글날, 한글을 사랑하는 외국인들도 몰려와 함께 즐기는 가을날 축제 한 마당, 저는 이러한 풍경이 펼쳐지길 꿈꿉니다.

고궁박물관에서 고증을 거쳐 세종대왕 때 만들어진 물시계를 재현한 복원품을 보았습니다. 물이 흐르는 양에 따라 구슬 등이 작동하면서 시각을 알리는 종을 치는 재미있는 구조입니다. 이를 광화문 광장에 설치하여 공개하면 체코 프라하의 천문시계와 같은 인기 있는 볼거리가 될 것 같습니다.

2022. 10. 15.

'치자꽃 설화' 시 감상

은퇴 후 시간을 보람 있게 보내기 위하여 다양한 취미 활동이나 공부를 하는 분들이 부쩍 늘어나고 있습니다. 그러한 노력의 한 예입니다.

은퇴한 언론인 박정찬 선생은 2014년 주로 은퇴한 동료들과 함께 '영시英詩 공부 모임'을 만들어, 매달 한 사람씩 돌아가며 시를 소개하고 토론하는 모임을 계속하고 있다고 합니다. 8년 가까이 공부해 왔으니 영어 실력은 물론 인문학적 소양도 크게 깊어졌을 것이고 회원들 사이의 정도 돈독해졌을 것으로 생각됩니다. 저를 만나면 한번 모임에 나와 함께하면서 좋아하는 시 한 수쯤 소개해 달라는 부탁을 합니다.

예전에 언론과 인터뷰할 때 좋아하는 시를 소개해 달라는 요청을 받곤 했는데, 그때마다 시를 소개하고 제가 쓴 글들에도 가끔 시가 등장하는 것을 눈여겨보셨기 때문인지 모르겠습니다. 아직은 박 선생의 요청에 응하지 못했으나 언젠가 응해야 할지 모르겠습니다. 만약 그리된다면 영시를 소개할지, 독일시 아니면 우리나라 시를 소개할지 고민할 것 같지만, 우선은 분수에 맞지 않게 괜스레 있어 보이는 시보다 모두가 공감할 소박한 시가 좋을 것 같습니다. 예를 들면 아래의 〈치자꽃 설화〉와 같은 시입니다.

박규리 시인의 〈치자꽃 설화〉는 참 독특한 시입니다. 시인은 서로 사랑하는 사람들의 슬픈 이별 장면을 몰래 엿보듯 그려 내고, 이내 시인 자신도 괴로워하며 마음이 무너져 내리는 내용입니다. 시로서는 낯설게 이야기說話를 담고 있고, 자칫하면 신파조로 들릴 만한 이야기지만 독자의 마음을 애잔하고 숙연하게 만듭니다. 특별한 설명이나 궁리도 필요 없습니다. 그저 따라가며 읽으면 족합니다. 마치 슬픈 영화 한 편을 보는 느낌입니다.

사랑하는 사람을 달래 보내고
돌아서 돌계단을 오르는 스님 눈가에
설운 눈물 방울 쓸쓸히 피는 것을
종탑 뒤에 몰래 숨어 보고야 말았습니다.

어느 산사山寺에서 우연한 목격으로 시작된 일이겠지만 시인은 관심·관찰을 그만둘 수 없습니다. 연민 때문입니다.

아무도 없는 법당문 하나만 열어놓고
기도하는 소리가 빗물에 우는 듯 들렸습니다.
밀어내던 가슴은 못이 되어 오히려
제 가슴을 아프게 뚫는 것인지
목탁 소리만 저 홀로 바닥을 뒹굴다
끊어질 듯 이어지곤 하였습니다.

남자의 마음은 떠나보낸 여자 때문에 아프고 울적하여 또 마냥 흔들립니다. 그리하여 기도도 목탁도 제각각입니다. 적어도 시인에겐 그렇게 느껴집니다.

여자는 돌계단 밑 치자꽃 아래
한참을 앉았다가 일어서더니
오늘따라 가랑비 엷게 듣는 소리와
짝을 찾는 쑥국새 울음소리 가득한 산길을
휘청이며 떠내려가는 것이었습니다.

관찰은 이제 여자로 향합니다. 하얗게 피어 순결한 치자 꽃 아래에서 잠시 마음을 달래던 치자꽃처럼 순결한 여자는 체념한 듯 산길을 휘청거리며 내려갑니다. 하필 가랑비는 쓸쓸하게 내리고 쑥국새는 한층 더 구슬피 웁니다.

　나는 멀어지는 여자의 젖은 어깨를 보며
　사랑하는 일이야말로
　가장 어려운 일인 줄 알 것 같았습니다.
　한 번도 그 누구를 사랑한 적 없어서
　한 번도 사랑받지 못한 사람이야말로
　가장 가난한 줄도 알 것 같았습니다.
　떠난 사람보다 더 섧게만 보이는 잿빛 등도
　저물도록 독경 소리 그치지 않는 산중도 그만 싫어
　나는 괜시리 내가 버림받은 여자가 되어
　버릴수록 더 깊어지는 산길에 하염없이 앉았습니다.

　시는 절정으로 나아갑니다. 사랑이 때로는 어렵고 괴로운
일이지만, 그래도 사랑한 적 없거나 사랑받지 못한 사람은
가난한 사람이라는 시인의 생각. 더욱이 시인은 자신의 사
랑 때문이 아니라 다른 사람의 사랑 때문에 괴로워하는 것
입니다.
　타자^{他者}에 대한 연민, 그것이 세상을 아름답게 만들기도
합니다.

2022. 10. 22.

120

한국인과 유대인의 피를 이어받은 어느 일본인

2022년 10월 26일은 안중근 의사께서 113년 전 만주 하얼빈에서 조선 침략을 주도하는 이토 히로부미를 사살한 의거를 기념하는 날이었습니다. 이날이 오면 가끔 생각나는 사람이 있습니다. 수년 전 안중근의사기념관에서 열린 안중근 의사 의거 관련 국제학술대회에 참석한 일본인 도고 가즈히코東鄕 和彦 씨입니다. 도쿄대학을 졸업한 직업 외교관으로서 네덜란드 대사를 지낸 뒤 교토산업대학 교수로 재직하다 퇴직한 분입니다. 학술대회 때 제 옆에 앉아 있던 그분은 저에게 조용히 자신을 소개했습니다. 그 내용은 이러합니다.

그의 할아버지는 태평양전쟁 개전 및 종전 당시 두 번에 걸쳐 일본 외무대신을 지낸 도고 시게노리東鄕 茂德입니다. 시게노리는 정유재란 때 남원에서 일본 규슈 시마츠번鳥津藩(지금의 가고시마현)으로 붙잡혀간 도공 박무덕의 자손으로, 한국인의 혈통을 이어온 분입니다.

시게노리는 아버지의 뜻에 따라 도공의 일을 접고 도쿄대학에 유학한 뒤 외교관이 되어 독일·소련 주재 대사를 지냈으며 독일에 근무할 때 유대계 독일인과 결혼하여 슬하에 딸한 분을 두었습니다. 시게노리는 평화주의자로서 제2차 세계대전 개전을 막고 또 종전을 서두르고자 노력했으나 군국주의자들의 뜻을 꺾기엔 역부족이었다고 합니다. 종전 후 도쿄 전범재판에서 징역 20년 형을 선고받고 복역하다 1950년 사망하였습니다.

시게노리의 외동딸은 일본인 외교관과 결혼했고, 그사이에서 1945년 태어난 사람이 바로 도고 가즈히코입니다. 가즈히코 교수는 한국인, 일본인 그리고 유대인의 피를 이어받은 분이었습니다.

이런 이야기를 들은 저는 조금 놀라 호기심을 갖고 그를 다시 쳐다보았습니다. 아닌 게 아니라 기골이 장대하고 이목구비가 뚜렷하여 여느 일본인과는 사뭇 다른 모습이었습니다. 가즈히코 교수가 외무성에 근무할 때 전문 분야는 주로 러시아 관계였습니다. 퇴임 후 2004년 러일전쟁 개전 100주년 기념 심포지엄이 미국 포츠머스에서 열렸는데, 그때 강연을 준비하는 과정에서 처음으로 안중근 의사를 알게 되었습니다. 쑨원孫文이 인용했던 안중근 의사의 다음과 같은 〈동양평화론〉 서론 부분을 통해서였습니다.

쾌하도다. 장하도다. 수백 년 이래 행악하던 백인종의 선봉을 큰 북소리로 크게 부수었으니 가히 천고의 희한한 일이며 만방이 기념할 공적이다. 그때 한·청 양국은 자신이 승리한 것처럼 기뻐하였도다.

안중근 의사가 러일전쟁에서의 일본 승리를 이토록 찬양했는데 불과 4년 후 어찌하여 이토를 사살하지 않을 수 없게 되었는가가 관심의 출발점이었습니다. 우선 그가 놀란 것은 안 의사가 주창한 '동양평화사상'이었습니다.

안중근 의사는 일본이 침략의 야욕을 버리고 한·중·일 3국이 서로 화합하고 동맹하여 서양 세력(특히 러시아)을 물리치고 평화를 이루어, 이를 바탕으로 구주 및 세계 각국과도 평화를 이루자고 주창했습니다.

이를 계기로 가즈히코 교수는 안중근 의사와 관련된 흔적을 찾아 나서고 관련 자료를 검토하는 등 안중근 연구자가 되었습니다. 그는 저에게 옛날 조선에서 건너간 도공들이 모여 살았던 가고시마현 비야바美山 마을에 도고 시게노리 기념관이 있다면서 한번 방문할 것을 권했습니다.

그 이듬해 기념관을 방문했습니다. 그곳에는 그 유명한

심수관요沈壽官窯도 나란히 자리 잡고 있습니다. 도공으로 끌려가 400년 이상 고향을 그리며 살았던 우리 동포들의 마을이 그대로 보존되어 있었습니다. 그 고요한 마을에서 역사와 인간사의 기묘함을 생각했습니다.

그러나 가즈히코가 전해 준 어머니 도고 이세의 유언이 가장 가슴에 남습니다. "외교관으로서 명심할 것은, 정부에 진언進言할 것을 판단할 때 자국에 49, 상대국에 51을 놓을 것."

한국 피가 섞인 어머니의 따뜻한 마음입니다.

2022. 10. 29.

정치 고수들의 선(善)한 선(禪)문답

전쟁과 혁명의 세기였던 20세기, 그 가운데 인류에게 희망을 보여 준 시기가 있었습니다. 독일이 통일된 1990년 전후입니다. 지금은 우크라이나를 침공한 러시아의 푸틴, 미국과 패권 경쟁을 벌이며 홍콩을 중국체제로 편입시키고 대만 무력합병을 위협하는 시진핑 등 권위주의적 지도자들 때문에 세계 평화와 안정이 위협받고 있습니다. 미국에서도 트럼프에게서 시작한 미국 우선 정책이 계속되고 있습니다.

그러나 1990년 전후의 시기엔 상대방을 배려하며 인류애와 인류 평화를 실현하려는 정치지도자가 많았습니다. 그들 가운데 국가 수뇌는 아니지만 서독과 소련의 외무장관인 겐셔와 셰바르드나제, 두 사람이 있었습니다. 이들의 신뢰와 배려에 바탕을 둔 협상 과정을 보노라면 진한 감동이 느껴집니다.

1989년 11월 9일 동독 정치국 대변인이 기자회견에서 실수하는 우연한 사건을 계기로 베를린 장벽이 붕괴해 독일 통일의 기회가 찾아왔지만, 통일 과정에서 가장 어려운 대목이 소련의 협력을 얻어 내는 것이었습니다.

소련 정부로서는 당시 독일 통일에 찬동하기에는 큰 부담을 안고 있었습니다. 우선 소련 국민의 반▷독일 정서 때문입니다. 소련 사람들에게는 독일은 자국민 2,500만 명을 희생시킨 악마와 다름없었습니다.

이 점을 의식해서 두 외무장관은 최초 회담을 소련의 작은 도시 브레스트에서 열었습니다. 그곳은 전쟁 초기 독일 침공으로 큰 피해를 본 곳으로 셰바르드나제의 고향이었고, 그의 형도 그곳에서 전사했습니다. 그곳에서 벌이는 회담은 비극의 역사는 잊지 않되 새 시대를 열어가야 함을 암시하기 위함이었습니다. 겐셔는 회담 시작 전에 전쟁 희생자 위령비에 헌화함으로써 사죄하는 모습을 보여 주었습니다.

다음 회담은 일주일 후 서독의 뮌스터 시청에서 열렸습니다. 그곳은 1648년 유럽 대륙을 전쟁터로 만들었던 30년 전쟁이 끝나고 강화조약을 체결한, 화해와 새 출발이라는 역사적 상징성을 지닌 장소였습니다.

베를린 장벽이 무너지는 한 원인이 되었던, 동독을 탈출한 난민들이 체코 프라하 소재 서독 대사관에 난입한 사건이 벌어졌을 때에도 그들은 서로 협조했습니다. 1989년 9월 28일 동독 탈출 난민 4천여 명이 대사관에 난입해 서독 망명을 요구합니다. 당시 유엔총회가 열릴 때라 두 장관은 뉴욕에서 만나 협상을 벌입니다. 협상이 아니라 서독의 일방적 협조 요청입니다. 동독 정부에 영향력이 있는 소련의 협조가 필요했기 때문입니다.

겐셔의 설명을 듣던 셰바르드나제는 "그들 가운데 아녀자와 아이는 몇 명입니까?"라고 물었습니다. 겐셔 장관이 알지 못하는 내용에 대한 질문이었습니다. 이에 겐셔는 주저함 없이 "750명 정도입니다"라고 대답하였습니다. 그러자 셰바르드나제는 "아녀자와 아이들의 고통이 심하겠군요. 본국에 연락하여 협조하도록 하겠습니다"라고 말했습니다.

회담장에서 나오면서 겐셔의 보좌관이 물었습니다. "장관님, 750명은 무슨 근거로 말씀하셨습니까?" 겐셔는 "훌륭한 외교관은 평소 그 정도는 알고 있어야지" 하며 웃었습니다. 셰바르드나제는 협조하고 싶었고 또 합당한 인도적 명분을 만들어 본국을 설득하고 싶었기에 넌지시 아녀자들의 숫자를 물었고, 이를 알아챈 겐셔는 그에 맞게 화답한 것입니다. 정치 고수들의 역사를 만들어 가는 선善한 선禪문답이었습니다.

겐셔는 곧 프라하로 날아가 난민들의 서독 이송을 진두지휘합니다. 당시 겐셔는 심장병을 앓고 있어서 건강이 좋지 않은 상태였습니다. 이 에피소드는 제가 당시 겐셔 장관 보좌관이었던 분에게서 직접 들은 이야기입니다.

이런 치밀한 계산과 배려는 두 정치지도자 사이에 상호 신뢰, 존중과 우정이 있었기에 가능합니다. 결국 국가 간 외교관계도 인간관계의 연장입니다. 오랜 경험과 경륜을 가진 지도자들이 필요하고, 믿든 곱든 정치지도자들이 자주 만나야 하는 이유입니다. 물론 그에 앞서 좋은 자질과 인품을 지닌 지도자를 가질 필요가 있습니다.

한·독 포럼 참석차 베를린으로 떠나려니, 20세기 말 그 좋았던 시절의 정치인들이 불현듯 떠올랐습니다. 안타까운 우크라이나 전쟁의 종식 가능성을 현장 가까이서 알아볼 작정입니다.

2022. 11. 5.

어느 아프리카 외교관의 명연설

러시아의 우크라이나 침공으로 시작된 전쟁이 9개월째 계속되고 있습니다. 명분 없는 전쟁에 내몰린 군인은 물론, 무고한 주민들이 희생당하고 각종 기반 시설이 파괴되어 주민들의 고통이 가중되고 있습니다. 피란민들은 객지에서 고향으로 돌아갈 날을 기다리면서 떠돌고 있습니다. 저의 "풍경이 있는 세상" 칼럼도 우크라이나 전쟁을 안타까워하는 "기차는 여덟 시에 떠나네"로 시작했습니다. 당시 전쟁이 빨리 종식되기를 기대하면서 칼럼을 썼습니다만, 이렇게 오래 계속될 줄은 몰랐습니다.

지난 2일 베를린에서 열린 한·독 포럼에서 여러 가지 주제 중 하나로 우크라이나 전쟁에 관한 관점과 이와 관련하여 한·독 양국이 어떻게 협력할 것인가가 논의되었습니다.

계속되는 전쟁의 피로감 때문인지 러시아 푸틴 대통령의 책임을 거론하는 외에, 전 독일 총리 앙겔라 메르켈이 우크라이나의 유럽연합이나 나토 가입에 소극적이었던 점을 잘못으로 지적하기도 하고, 그 반대로 나토의 동진東進정책이 러시아를 자극해 푸틴으로 하여금 전쟁을 일으키게 했다는 불평까지 나옵니다.

후자의 불평에 대하여 포럼에 참여한 윤영관 전 외교통상부 장관은 단호히 배격했습니다. 러시아가 우크라이나를 침공한 것은, 대국大國이 자국의 세력권을 유지하고 확장하기 위해 인접한 소국小國의 영토 주권과 자결권을 유린한 것으로, 명백한 기본적 국제규범 위반이라고 지적했습니다. 또한 냉전이 종식되고 나토가 동진하게 된 것은 동구권 국가의 대다수 국민들이 탈냉전 상황에서 공산주의 독재보다 민주주의를 선택하며 빚어진 상황으로, 이는 국제적으로 존중받아야 할 그들의 최종 결정이었기 때문에 위와 같은 불평은 근거 없다는 것입니다.

그러면서 주 유엔 케냐 대사인 마틴 키마니Martin Kimani가 2022년 2월 22일 유엔 안전보장이사회에서 행한 다음과 같은 연설을 소개했습니다.

"케냐를 비롯한 아프리카 대다수 국가는 평화를 위해 서구 식민지 기준으로 쪼개진 현재 영토를 받아들이고 있다. 만일 러시아와 같은 방식으로 민족·인종·종교적 동질성으로 국가를 수립하려 했다면 수십 년이 지난 지금까지 아프리카에서는 피비린내 나는 전쟁이 지속되었을 것이다. 아프리카인들은 현재의 국경에 만족해서가 아니라 평화라는 더위대한 것을 원해서 러시아처럼 행동하지 않은 것이다."

정말 그렇습니다. 아프리카 지도를 보면 가로세로로 잣대를 대고 그은 듯한 국경들이 무수히 존재합니다. 민족, 종교, 자연환경과 관련 없이 제국주의 국가들이 편의를 위해 맺은 협상에 따라 생긴 국경선을 아프리카인들은 평화를 위해 감내하고 있습니다. 실로 논리적으로나 감정적으로 공감이 가는 명연설입니다. 러시아에 대한 질타의 극치입니다.

그렇기에 한국과 독일은 2차 세계대전 후에 성립된 주권평등, 영토 주권과 자결권 존중을 내용으로 하는 규범에 기반한 국제 질서를 신봉하는 가치 파트너value-partner로서 그 국제 질서의 유지와 강화를 위해 협력할 필요가 있다는 데에 공감했습니다. 이는 궁극적으로 푸틴의 실패를 목표로 합니다. 그러나 '현실적으로 그것이 가능할 것인가? 가능하더라도 시간이 걸리면 그동안 적지 않은 희생이 따를 것인데,' 하는 마음 약한 생각이 드는 것도 사실입니다. 그래서 서울대에서 공부했던 한네스 모슬러 교수와 협상에 의한 전쟁 종식 방안에 대해 논의해 보았습니다. 가령 러시아는 점령지에서 철수하고, 그 지역에서는 국제기구의 철저한 감시하에 전쟁 발발 전 거주했던 주민들만의 투표를 통해 그들의 운명을 결정하는 것은 어떻겠느냐고 물었습니다. 독일의 자를란트 지역이 1955년 주민 투표로 프랑스와 독일 사이의 귀속을 정했던 것처럼.

모슬러 교수는 "참 순진한 양반 보겠네"라는 표정으로 저를 바라보면서, 이미 보여 준 바와 같은 러시아의 공작에 당해 낼 수 없을 것이라고 말했습니다.

그렇다면 자유민주 세력의 연대로 푸틴을 굴복시키는 길밖에 없다는 것인데, 해답이 보이지 않습니다. 그래도 희생을 줄이기 위한 노력을 포기해서는 안 될 것입니다.

2022. 11. 12.

베를린에서의 보물찾기

제가 베를린을 처음 방문한 것은 베를린이 동·서로 분할되었던 1978년 겨울이었습니다. 그 겨울 장벽 부근에 설치된 관찰용 망루에 올라 장벽 너머 음울한 동베를린 지역을 바라보면서 분단에 대한 안타까움과 함께 작은 공포를 느꼈던 일이 엊그제 같은데, 벌써 44년이 지났습니다. 6개월 동안 거주한 것을 비롯해 여러 차례 방문했고 베를린과 관련된 공부를 틈틈이 하고 있으니 베를린은 외국 도시치고는 인연과 정이 깊은 도시가 되었습니다.

베를린에서 길을 걸을 때면 고개를 숙여 길바닥 이곳저곳을 둘러보며 찾는 것이 있습니다. 나만의 보물찾기입니다. 이달 초 베를린 방문 때에도 어김없이 보물찾기에 성공했습니다. 보물은 다름 아닌 보도步道에 박혀 있는, '슈톨퍼슈타인Stolperstein'이라 이름 붙여진 손바닥 크기의 동판銅版입니다. 호텔 근처에 있는 한 극장 정문 앞에서 3개를 발견했습니다. 함께 갔던 일행에게도 그것들을 소개하고 설명해 주었습니다.

슈톨퍼슈타인은 1947년 베를린 출신의 군터 뎀니히Gunter Demnig라는 공예 예술가가 나치 정권에 의해 자행된 유대인 학살을 반성하기 위한 작업의 하나로 만든 특수한 동판으로, 1996년부터 지금까지 수만 개를 독일의 각 도시는 물론 폴란드, 오스트리아 등 유럽 여러 나라에도 설치했습니다. 그 동판에는 희생된 유대인의 이름, 출생일, 체포일, 수감된 강제 수용소, 사망일 등을 새겨 그들이 마지막 살았던 집이나 직장 앞 보도에 설치했습니다.

그는 대부분의 유대인 희생자가 무덤도 없고 그들을 추모하는 행사가 형식에 그치는 것을 안타깝게 여겨 그들과 유족을 추모하고 위로하는 한편, 젊은 세대가 나치의 만행을 잊지 않도록 이 일을 시작했습니다. "사람의 이름이 잊히면 그 사람도 잊히고 만다"는 탈무드의 가르침에 따라, 이웃에 살다가 어느 날 갑자기 사라져 다시는 돌아오지 않은 사람들의 이름과 사연을 잊어서는 아니 된다는 생각 때문이었습니다. 동판을 설치할 때면 근처에 사는 어린 학생들을 참가시켜 이 일의 취지를 설명하기도 했습니다. 자신의 작업이 현재와 미래를 연결하는 다리 역할을 하기를 소망했습니다.

동료 예술가들이 동참하고 후원자가 늘어남에 따라 원래 홀로코스트 유대인 희생자를 대상으로 하여 시작한 프로젝트는 차츰 나치 정권에 의하여 반反사회성 분자로 분류되어 희생되었던 집시, 정신병자 등과 체제에 저항한 레지스탕스까지 확대되었습니다.

　　'슈톨퍼슈타인'이라는 낱말은 사전상으로는 '장애물', '문제점' 정도의 의미인지라, 걸리적거린다는 뜻의 '걸림돌'이라 번역해도 무방합니다. 그렇지만 설치 작업의 취지와는 딱 맞아떨어지지는 않는다는 생각이 들었습니다. 그러나 같은 돌이라도 활용하기에 따라서는 걸림돌도 될 수 있고 디딤돌도 될 수 있습니다. 길거리에서는 걸리적거리는 장애물이나 걸림돌로 보이지만, 불행한 과거를 딛고 미래로 나아가고자 하는 뜻을 담은 것이니 오히려 '디딤돌'이라고 번역해도 무방하겠다고 제 나름대로 생각해 보았습니다.

　　저는 2013년 베를린에 살 때, 어느 신문에서 이 프로젝트가 진행되고 있다는 것을 알고 그다음부터 길을 걸을 때면 보도 이곳저곳을 둘러보게 되었습니다. 큰길이나 작은 길 가리지 않고 곳곳에서 슈톨퍼슈타인을 발견했습니다. 이를 발견하면 가던 길을 멈추고 주저앉아 그 사연을 읽어 보았습니다. 서너 살에 끌려가 한두 해 뒤 어린 나이에 사망한 사례도 있었습니다. 안타까운 마음에 숙연해지곤 했습니다.

끌려간 사람 수대로 서너 개의 동판이 설치되어 있는 것이 보통이지만, 베를린 훔볼트대학 정문 앞에는 교수, 학생 등 20여 명이 끌려갔는지 20여 개의 슈톨퍼슈타인이 설치되어 있었습니다. 그 뒤로도 독일을 방문하면 저의 슈톨퍼슈타인을 찾는 일은 계속되었습니다.

스스로 반성하고 사죄하고자 하는 슈톨퍼슈타인과 반성을 촉구하는 위안부 소녀상, 비슷한 문제를 해결하기 위한 접근 방식에 너무 차이가 납니다.

2022. 11. 19.

3천 명의 고아를 돌본 여인

지난달 29일 윤학자(일본식 이름은 다우치 지즈코) 여사 탄생 110주년 기념행사가 목포 공생원에서 열렸습니다. 행사에는 김영록 전남지사, 강승규 대통령실 시민사회수석 등 수많은 국내 인사는 물론 일본 하마다 세이지 고치현高知縣 지사 등 일본 측 인사 수십 명이 참석했습니다.

윤학자 여사는 어릴 적 아버지를 따라 목포에 와서 여학교를 다니며 고아 구제시설인 목포 공생원共生園에서 봉사하다가 원장인 윤치호 전도사와 결혼하고, 6·25 전쟁 중 남편이 광주에 식량을 구하러 출장 갔다 행방불명되었으나 일본으로 돌아가지 않고 평생 3천 명의 고아를 돌본 분입니다. 자신의 자식들도 고아들과 함께 섞어 키웠습니다. 여사가 1968년 타계했을 때 목포역 광장에서는 3만여 명의 시민이 모인 눈물의 장례식이 열렸습니다.

이러한 여사의 생애가 알려지면서 많은 일본인이 목포를 찾아오고 목포 공생원과 한국 고아들의 후원자로 나섰습니다. 윤학자 여사의 장남 윤기 선생은 일본으로 건너가 오사카 등 6개 지역에서 홀로 사는 한국 출신 할머니 등을 돌보는 복지사업을 하고 있습니다. 그 공로로 삼성호암상 사회봉사상을 받기도 했습니다.

윤학자 여사의 고향은 일본 시코쿠四國 최남단의 고치현입니다. 고치시에는 2미터 높이에 10톤이 넘는 큰 돌에 '사랑의 고향, 다우치 지즈코 탄생기념비'라고 새겨진 비석이 여사의 탄생지 근처에 세워져 있습니다. 기념비 원석原石은 목포에서 구해 온 것입니다.

이 일을 주도한 분은 가끔 남산 '안중근 의사 기념관'을 찾아오는 니시모리 시오초西森潮三라는 분입니다. 1995년 고치현 의회 의장이던 그는 윤학자 여사를 주제로 한 〈사랑의 묵시록〉이라는 영화를 보고 윤학자 여사를 알게 되었고, 고치시의 유력 시민들과 함께 '다우치 지즈코 기념비 건설 위원회'를 구성하고 1997년 '고치현 한국 우호 방문단'을 결성하여 전라남도를 방문했습니다. 그리고 일본의 식민 지배가 초래한 불행한 역사에 진심으로 사죄하며 다우치 지즈코 여사를 현창顯彰하는 사업을 통하여 전라남도와 고치현으로부터 새로운 한·일 관계를 만들어 가기로 다짐하였습니다.

그의 정치적 멘토인 다케시다 노보루 총리가 남긴 "우리는 한국에 큰 빚을 지고 있다. 당신은 지방 차원에서 한국과의 우호 증진에 노력해 달라"라는 당부가 그 계기가 되었습니다. 그의 노력으로 전라남도와 고치현은 2016년 자매결연을 맺었습니다.

한국과 고치현의 인연은 이것만이 아닙니다. 안중근 의사가 하얼빈 의거 후 뤼순에서 재판을 받을 때 재판관, 검사, 국선변호인, 형무소 소장, 심지어 재판과정을 취재한 신문기자 등 많은 사람이 고치현 출신이었습니다. 니시모리 의장에게 그 이유를 물었더니 메이지 정부에서 고치(옛 토사) 출신 엘리트들이 소외당하자, 이들이 신천지新天地를 찾아 함께 만주로 떠나간 것 같다는 것입니다.

아무튼 이들은 안중근 의사의 인품에 감동하여 내복이나 사식을 넣어 드렸고, 안중근 의사로부터 친필 유묵을 받았습니다. 귀국 후 안중근 의사의 인품을 주변에 알리고 유묵을 소중히 보관하다가 한국에 반환하기도 했습니다. 니시모리 의장은 유묵이 한국에 반환될 수 있도록 노력했습니다.

저도 2018년 니시모리 의장의 초청을 받아 고치현을 방문하여 '안중근 의사의 동양평화사상과 한·일 우호협력'이라는 제목으로 강연했고, 유묵 기증자들을 만나 감사의 뜻을 전달했습니다.

고치시는 일본인이 가장 좋아하는 인물인 사카모토 료마 坂本龍馬의 고향이기도 합니다. 저는 니시모리 의장에게 안중근 의사 기념비를 고치에 세워 달라고 부탁했습니다. 그러면 윤학자 여사와 안중근 의사의 기념비, 그리고 료마의 흔적을 찾아 고치를 방문하는 한국인들이 늘어나 한·일 교류 증진에 도움이 될 것이라고.

니시모리 의장에게 들은 재미있는 이야기 하나를 덧붙입니다. 고치는 원래 '高智'였는데, 술을 좋아하는 고치 사람들이 밤새 술을 마시다가 새벽이 되어 해가 떠오르자 계속 밤인 양 술을 마시기 위해 '智'에서 '日'을 빼버려 '高知'가 되었다는 것입니다.

2022. 11. 26.

우루과이와의 축구 경기를 보며 떠올린 옛일

우리나라와 우루과이 사이에 벌어진 카타르월드컵 1차전은 승패를 떠나 멋진 경기였습니다. 당초 우루과이가 우세하리라는 객관적 평가에도 불구하고 우리나라가 탄탄한 경기력을 보여 주었고, 이에 다소 당황한 듯한 우루과이도 평정심을 잃지 않고 당당하게 맞섰습니다. 양 팀 모두 승리하지 못한 것을 아쉬워하면서도 무승부도 무방한 결과로 받아들이는 것도 좋았습니다. 경기가 끝난 뒤 손흥민 선수를 비롯한 양 팀 선수들이 서로 진정으로 격려의 인사를 나누는 모습이 아름다웠습니다. 이러한 생각이 드는 것은 우루과이가 제가 방문했던 나라 중 좋은 인상으로 남아 있는 나라이기 때문인지도 모르겠습니다.

우루과이는 한국에서 일직선으로 땅을 파고 들어가면 만

나게 되는 지구 정반대편에 위치한 나라입니다. 면적(한반도의 0.8배)이나 인구(350만 명) 면에서 작은 나라입니다. 주로 스페인과 이탈리아계 이민자들로 구성되어 남미 대륙의 유럽 국가로 불리며, 1인당 국민소득도 가장 높은 편입니다. 수도 몬테비데오는 세계의 수도들 가운데 가장 남쪽에 자리 잡고 있습니다.

저는 2011년 1월, 총리 재직 시 우루과이를 공식 방문하여 호세 무히카 Jose Mujica 대통령을 만났습니다. 무히카 대통령은 세계에서 가장 가난한 대통령으로 알려져 있었습니다. 그는 좌익 무장 게릴라 출신으로 1960년대 게릴라 활동을 하다 체포되어 14년간 복역했고, 1989년 정계에 입문해 2009년 대통령에 당선되었습니다. 그는 대통령에 당선된 뒤에도 수도 근교의 농가에서 거주하며 받은 급여의 90%는 가난한 사람들을 위한 주택 사업에 기부하고 나머지는 소속 당에 기부했습니다.

무히카 대통령의 그러한 특이한 경력 때문에 저는 호기심을 갖고 만났습니다. 당시 대통령은 여름휴가로 수도에서 멀리 떨어진 여름 별장에 있었습니다. 제공해 준 헬리콥터를 타고 그곳으로 가는 동안 눈에 들어오는 것은 광활하게 펼쳐진 벌판에서 뛰노는 소 떼였습니다. 대통령은 오찬에서 우루과이산 소고기와 오렌지, 포도주를 내놓았습니다. 자연 친화적으로 생산되는 우루과이산 농산품의 우수성을 열심히 자랑했습니다.

오찬이 끝날 무렵 무히카 대통령은 느닷없이 제 손을 이끌어 밖으로 나가 반트럭에 저를 태운 뒤 손수 운전하여 인근 목장 이곳저곳으로 안내했습니다. 들판에서 뛰노는 소 떼를 직접 보여 주고 싶었기 때문입니다. 경호원들은 당황하면서 조심스레 뒤따랐습니다. 당시 우루과이는 수년 전 발생한 구제역 때문에 소고기 수출이 중단되었다가 국제수역사무국^{OIE}으로부터 구제역 청정국가 지위를 회복하고 다시 수출을 시작하기 위해 우리 정부와 협상을 진행하던 참이었습니다. 목표는 2012년 여수에서 개최되는 엑스포의 우루과이관에서 우루과이산 소고기 스테이크와 오렌지를 소개하고 이를 계기로 한국 수출을 재개하는 것이었습니다.

이를 위하여 제가 우루과이를 방문하기 얼마 전에도 부통령 겸 상원 의장이 한국을 방문했습니다. 부통령에 이어 대통령께서도 한국 수출 재개를 위해서 직접 운전까지 하며 노력하는 모습이 역력했습니다.

저는 노^{老} 대통령의 정성을 감안하고, 어차피 육류를 수입하는 우리로서도 수출국 간의 경쟁을 유도하는 것이 소비자에게 유리하다고 생각하며, 수입 재개 절차를 서둘러 밟았습니다. 그러나 다른 사정으로 절차가 지연되는 바람에 여수 엑스포에 우루과이산 소고기는 등장하지 못했습니다. 미안한 생각을 지울 수 없었습니다.

2012년 12월, 멕시코 대통령 취임식에 축하 특사로 참석했을 때 우루과이 부통령을 다시 만났습니다. 그분과는 한국, 우루과이에 이은 세 번째 만남으로 친숙한 사이가 되어 있었습니다. 절차 지연에 대한 미안함을 이야기했더니, 부통령은 한국 측에서 관심을 갖고 도와주신 것을 잘 안다면서 오히려 고맙다고 했습니다. 그분들이 나라를 위해 열심히 일하며 상대방을 배려하는 품위 있는 모습을 보여 주었기에, 제겐 아직도 좋은 기억으로 남아 있습니다.

2022. 12. 3.

2022년 12월 3일, 행복한 날의 기록

2022년 12월 3일 0시, 우리나라와 포르투갈의 카타르월드컵 조별리그 마지막 경기가 열렸습니다. 실낱같은 희망을 품기는 했으나 이번 월드컵에서 우리나라의 마지막 경기가 될 가능성이 높은 상황이었습니다. 실제로 후반전 마지막까지 1 : 1의 팽팽한 접전이 진행되어 16강전에 진출하기는 어려워 보였습니다. 그러나 우리나라 대표팀의 경기력은 그 어느 때보다 향상되었고 선수들도 최선을 다했기 때문에, 설사 경기가 그대로 끝나더라도 선수들에게 아낌없는 박수를 보내고 싶었습니다.

그런데 기적 같은 일이 일어났습니다. 후반전 추가 시간에 손흥민 선수의 70여 미터 폭풍 질주에 이은 환상적인 패스가 황희찬 선수에게 연결되어 마침내 역전승을 거두었습니다.

'하늘은 스스로 돕는 자를 돕는다'라는 속담이 떠올랐습니다. 끝까지 포기하지 않고 최선을 다한 선수들과 한마음으로 응원을 보낸 국민에 대한 하늘의 선물이었습니다. 밤이 깊었지만 관련 소식들을 더 들으며 승리의 여운을 즐겼습니다.

그 가운데 가나와의 경기에서 레드카드를 받아 이날 경기에서 벤치에 앉을 수 없었던 벤투 감독을 다시 벤치에 모시고 경기를 할 수 있게 되어 너무나 좋다는 취지의 손흥민 선수 코멘트가 감동이었습니다. 손흥민 선수의 곱고 바른 심성이 그대로 묻어났습니다. 그에 비하면 코너킥을 선언하고는 바로 경기를 종료시켜 버린 것에 항의했다고 벤투 감독에게 레드카드를 내민 가나전의 심판은 배려심과 참을성이 부족한 인물이었습니다.

아침에 일어나 창밖을 보니 밤사이 눈이 내렸습니다. 우리에게 축하를 보내는 서설瑞雪처럼 느껴졌습니다. 양이 많지 않아 도로 등에서는 다 녹았지만 그래도 가까이 혹은 멀리 있는 뜰이나 산에 내린 눈은 그대로 쌓여 있었습니다. 눈을 보면서 우리 선현先賢들이 가르쳐 준 눈의 여러 가지 덕목을 생각했습니다.

첫째는 위중爲重이라 하여 눈은 사람을 신중하게 만든다는 것입니다. 눈이 쌓이면 바깥출입이 어려워져 집에 머물게 되면서 명상을 하는 등 행동거지가 신중해진다는 것입니다.

둘째가 위의爲誼라 하여 눈은 사람들 사이에 인정을 더 두텁게 만든다는 것입니다. 눈이 쌓여 바깥출입이 뜸해지면서 서로를 그리워하게 만든다는 것입니다.

셋째는 위범爲汎이라 하여 눈은 사람들의 마음을 대범하게 만든다는 것입니다. 눈이 쌓이면 세상 더러운 것과 사소한 것을 모두 묻어버리기 때문입니다.

넷째가 위축爲蓄이라 하여 눈은 사람들로 하여금 아끼고 저축하게 만든다는 것입니다. 왕래가 끊기는 것을 대비해 땔감이나 먹을 것을 준비하게 한다는 것입니다.

다섯째는 위연爲姸이라 하여 눈은 여인들을 더욱 예쁘게 만든다는 것입니다.

참 재미있는 발상입니다. 눈이 가르쳐 주는 이러한 교훈은 사람이 살아가는 데 필요한 덕목입니다. 이 가운데 위연을 제외한 네 가지는 축구에도 그대로 적용될 만하다는 엉뚱한 생각을 해 보았습니다. 경기 운영에 있어 들뜨지 말고 신중할 것, 선수 간의 정을 두텁게 하여 팀워크를 다질 것, 동료의 사소한 실수를 덮고 넘어가는 대범함을 가질 것, 경기를 사전에 철저히 준비할 것 등입니다.

느긋하게 오전 시간을 보내고 점심 약속 장소인 국립중앙박물관 호숫가에 있는 식당으로 갔습니다. 오래전부터 알고 지내는 일본의 전前 중의원으로 차기 선거를 준비하고 있는 젊은 정치인 H씨가 한국을 방문하여 함께 점심을 하기 위해서였습니다. 화제는 단연 월드컵이었습니다. 한국과 일본이 함께 16강에 진출했음을 축하하며 계속적인 선전을 기원했습니다. 일본은 크로아티아가 상대방이니까 기대해 볼 만하지만, 한국은 상대방이 브라질이니까 승리가 쉽지 않을 것이라 말하며 일본의 선전을 기원해 주었습니다. 통일교 문제 등으로 시끄러운 일본 정치와 경제 상황 등을 듣고서 집으로 돌아오니, 아내가 켜 놓은 극동방송에서 크리스마스 캐럴이 흘러나오고 있었습니다.

2022. 12. 10.

윤관 대법원장이 남긴 것

얼마 전 윤관 대법원장님이 작고하셨습니다. 찾아뵙고 인사를 드리겠다는 생각을 늘 하면서도 코로나19 사태 등을 핑계로 미루고 있던 차에 부음訃音을 듣고 나니, 저의 게으름과 어리석음이 원망스러워졌습니다.

대법원장님은 참 소탈하고 따뜻한 분이었습니다. 그러면서도 가슴속에는 나라와 법원을 사랑하는 열정이 넘치는 분이었습니다. 저의 총리 재직 초기에 어느 기자가 저에게 '마음씨 좋은 할아버지' 같다고 하길래, 열심히 일해야 할 총리에게는 결코 칭찬만은 아니라는 생각에 "그렇게 보일지 모르지만 내 마음속에는 마그마가 끓고 있어 나는 '눈 덮인 휴화산休火山' 같은 사람"이라고 웃으며 대꾸했는데, 생각해 보니 윤관 대법원장님이 꼭 그러한 분이었습니다.

대법원장님은 법관 생활을 광주지방법원에서 시작하여

주로 그 지역에서 근무했습니다. 이른바 향판鄕判이었습니다. 당시 법관의 대종을 이루는 서울대 출신도 아니었습니다. 속된 말로 주류와는 거리가 멀었습니다. 그러나 1970년대 중반 당시 대법원장님은 지방에서 성실하게 묵묵히 일하는 향판 몇 사람을 발탁해 서울민사지방법원 부장판사 등으로 불러올리는 파격적 인사를 단행했습니다. 윤관 대법원장님은 그런 경위로 서울로 올라오셨습니다.

당사자나 변호인의 말을 자르지 않고 경청하며 법정을 온화하게 운영하는 대법원장님의 재판 스타일이 법조계 내외에 칭송과 함께 알려졌습니다. 당연히 고등법원 부장판사, 법원장을 거쳐 대법관으로 승진하셨습니다. 더하여 영남 출신 김영삼 대통령은 1993년 아무런 연고나 개인적 인연이 없는 호남 출신 윤관 대법관을 대법원장으로 임명했습니다. 오로지 인품, 실력 그리고 법조계의 평판만이 임명 근거였습니다.

대법원장님은 취임하자마자 '사법제도발전위원회'를 구성하여 국민을 위한 사법개혁에 나섰습니다. 법관, 검사, 변호사 등 법조인과 언론인, 학자 등 비법조인을 망라하여 위원회를 구성하고, 현승종 전 국무총리를 위원장으로 모셔 무게감을 더했습니다. 사안에 따라서는 검찰이나 변호사의 저항이 있을 수 있으므로 이를 누르고 국민을 위한 제대로 된 사법개혁을 이루기 위한, 다분히 정략적인 구성이었습니다. 저도 법원 출신 3인의 위원 중 한 명으로 참여했습니다.

그 성과는 실로 대단했습니다. 시·군 법원과 행정법원, 특허법원 등 전문법원을 설치하여 국민에 대한 사법 서비스를 강화하는 등 다양한 개혁을 이루었습니다. 그 가운데 가장 중요한 개혁은 '구속 전 피의자 심문제도', 속칭 '영장실질심사제'의 도입입니다. 이전에는 피의자를 구속하기 위한 영장을 판사가 피의자를 대면하지 않고 서류만을 검토하여 발부할지 여부를 결정했습니다. 사람을 구속하는 것처럼 중요한 재판은 없습니다. 그런데 피의자가 판사를 대면하여 하고 싶은 말을 할 기회도 갖지 못한다는 것은 심각한 문제입니다. 그래서 피의자가 스스로 포기하지 않는 한 반드시 판사를 대면하여 변소辨訴할 기회를 주자는 것이 이 제도의 취지입니다.

그런데 이 제도의 도입에 대하여 검찰은 한사코 반대했습니다. 격론이 벌어졌습니다. 비법조인 위원들의 의견에 의하여 제도 도입 여부가 판가름 날 상황이었습니다. 저는 피의자도 피의자지만, 법관으로서 피의자를 만나 물어보고 확인하고 싶은 사항이 있는 경우에도 그렇게 하지 못하고 발부 여부를 결정하는 것은 괴로운 일이라며 다소 감성적인 표현을 섞어 가며 도입의 필요성을 주장했습니다. 대법원장님과 뜻을 같이한 것입니다. 이렇게 하여 도입된 영장실질

심사제도와 그 후 최종영 대법원장과 이용훈 대법원장 시기를 거치며 정착한 공판公判중심주의가 우리나라 형사사법제도 발전에 큰 역할을 했습니다.

결국 윤관 대법원장님의 업적과 그에 따라 국민이 받은 혜택은, 내 편 네 편을 가르지 않고 합리적 인사로 훌륭한 법관을 발탁한 대법원장들과 사심 없이 훌륭한 분을 대법원장으로 임명한 대통령의 덕택이라는 생각을 지울 수 없습니다.

인사人事가 만사萬事인 이유입니다.

2022. 12. 17.

궁금한 클래식 음악의 세계, 몇 대목

일본 여류 소설가 온다 리쿠恩田陸의 소설 〈꿀벌과 천둥〉은 어느 피아노 콩쿠르에 참가한 다양한 배경을 가진 피아니스트들의 경쟁과 심사 과정 그리고 그 이면에 숨은 음악 비즈니스의 세계를 그리고 있습니다. 음악이라는 소리세계의 이야기를 소설이라는 글의 세계로 바꾸어 700쪽에 걸쳐 긴박감 있게 끌고 가는 작가의 역량과 뚝심이 놀랍습니다. 때로는 마치 음악회에서 실제 음악을 듣는 듯한 감동을 느끼게 하니까요.

무엇보다도 피아노 콩쿠르라는 낯선 세계를 경험하면서 많은 궁금증을 해소할 수 있었지만, 또 다른 궁금증을 야기하기도 했습니다.

예컨대 소설에는 콩쿠르 참가자가 연주를 시작하기 전 피아노 조율을 하는데, 연주자가 관객석의 밀도密度, 즉 관객수와 관객들이 입은 옷의 재질이나 두께 등을 감안해 조율사에게 조율 정도를 부탁하는 장면이 나옵니다. 이렇게까지 예민한 세계인지, 음악적 재능은 타고나는지 아니면 노력으로 극복할 수 있는 것인지, 심사의 신뢰도나 정확도는 어떻게 이해해야 하는지 등 책장을 넘길수록 궁금한 점이 쌓여 갔습니다.

한국예술종합학교 김대진 총장님을 뵌 기회에 이에 대해 물어서 궁금증을 많이 해소할 수 있었습니다. 음악적 재능을 타고난 영재는 분명히 존재하고, 그렇기에 영재를 조기 발굴해 좋은 지도를 하는 것이 중요하다는 것이었습니다. 앞서 본 피아노 조율 에피소드도 결코 과장만은 아니라는 것이었습니다. 콩쿠르 심사의 뒷이야기도 흥미롭게 들었습니다.

물론 연주하는 악기의 성능이나 품질이 좋은 연주에 보탬이 되는 것은 당연한 일입니다. 제가 관여하는 삼성문화재단에는 세계적 명품 바이올린, 비올라, 첼로, 더블베이스 등을 보유하고 이를 한국의 정상급 연주자나 장래가 촉망되는 연주자에게 수년 동안 무상으로 대여하는 사업이 있습니다. 그 악기들 가운데 '스트라디바리우스'나 '과르네리 델 제수' 바이올린의 경우 현재 감정가액이 수백만 달러에 이릅니다. 악기를 취득할 당시의 가액은 그에 못 미쳤으나 시간이 지나며 가격이 많이 상승한 것이니, 이 또한 좋은 일이라 할 만합니다. 이런 명품 악기들은 대개 1700년대에 제작된 것들로서 매우 희귀합니다.

그런데 이 악기들이 골동품처럼 오래되어서 고가高價인지 아니면 그만큼 성능이 뛰어난지, 지금은 이 정도 성능의 악기를 만들 수 없는지 궁금했습니다. 재단의 담당 실무자에게 물었습니다. 이 악기들은 가문비나무로 만들어졌는데, 소빙하기小氷河期를 막 지난 시점에 성장한 가문비나무는 밀도가 높은 목재로서 풍부한 음색을 지닌 좋은 악기를 만드는데 가장 적합했으며, 사용된 도료塗料도 독특했기 때문으로 알고 있다는 답이 돌아왔습니다. 거기에 저는 번잡한 지금 세상과는 달리 악기 제조에만 전념하는 뛰어난 장인匠人이 존재했기 때문이 아닌가 하는 이유를 덧붙여 보았습니다.

아무튼 클래식 음악에서도 두각을 나타내는 세계적 연주자가 배출되는 우리나라에서 이 같은 악기 대여 사업은 우리나라의 음악 발전과 국가 위상 제고에 큰 역할을 하는 일로서, 재단이 어려움이 있더라도 감당해야 할 몫이라고 생각합니다. 그러한 만큼 악기를 대여받을 연주자를 선정하는 작업도 투명하고 공정하게 진행되어야 하는데, 그 과정을 물었더니 실무자는 촘촘한 절차에 따라 다각적 자문과 검증을 거쳐 후보자를 선정하고 있음을 자료와 증빙을 갖추어 설명해 주었습니다.

그런데 궁금한 것은 아직도 남았습니다. 악기를 빌려 사용하다가 반환하는 경우 연주자가 악기와 작별하게 되어 느끼는 서운함이나 앞으로의 활동에 지장은 없는지 등입니다. 혜택이 골고루 돌아가야 하기에 대여 중단은 불가피하고 연주자도 새 악기에 적응하는 시간이 필요하지만, 악기와 작별해야 하는 연주자의 사정도 충분히 배려받도록 관리하는 것도 재단이 챙겨야 할 일이기에 단순한 궁금증이 아닌 작은 걱정으로 남았습니다.

2022. 12. 24.

섣달 그믐날

한 해의 마지막 날인 '섣달 그믐날', 참 정감이 느껴지는 말입니다. 이 말에서 느끼는 저의 감회는 화살같이 빠른 시간의 흐름 속에 실속 없이 세월만 보냈다는 아쉬움에 마음이 허전해지는 것이지만, 마냥 싫지만은 않습니다. 이날은 한 해를 돌아보고 마무리하며 새 희망의 새해를 준비하는 날이기도 하기 때문입니다.

섣달은 한 해를 다 보내고 새해 설날을 맞게 된다는 뜻의 '설윗달' 또는 '서웃달'에서 나온 말입니다. 또 그믐날의 '그믐'은 보름달이 날마다 줄어들어 눈썹같이 가늘게 되다가 마침내 없어진다는, '사그라지다'와 같은 뜻의 순우리말 '그믈다'의 명사형입니다. 섣달 그믐날은 한자로는 제일除日이라고도 했습니다. '제除'는 옛것을 없애고 새것을 마련함을 뜻합니다.

민가에서는 이날 집 안팎을 깨끗이 청소했습니다. 가는 해를 먼지 털듯이 털어 내고 묵은 것을 다 쓸어버려야 액厄이 모두 물러나 새해에 복이 들어온다는 생각에서 그랬습니다. 또한 집 안 곳곳에, 심지어 외양간과 변소에까지 기름등잔을 켜서 환하게 밝혀 놓았습니다. 불을 켜 두면 잡귀가 들어오지 못하고 집에 밝은 기운이 들어온다고 믿었습니다.

그리고 이날에는 새벽녘 닭이 울 때까지 잠을 자지 않고 수세守歲하면서 새해를 맞이했습니다. 수세는 지나간 시간을 반성하고 새해를 설계하는 것으로, 마지막 날은 끝이 아니라 새로운 시작이라는 생각에서 비롯한 것입니다.

우리가 12월을 '섣달'이라 부르듯이 일본 사람들은 12월을 '사주師走, 시와쓰'라고 부릅니다. 이상한 이름입니다. 이렇게 부르는 이유에 대하여는 여러 가지 설이 있습니다. 스님이 불경 외우기를 서두르는 마지막 달 또는 한 해가 다 무르익었다는 표현에서 차음借音했을 것이라고 하지만, 제 생각으로는 글자 그대로 점잖은 스님이나 선생님도 바빠 뛰어다니는 때라는 정도로 이해해도 무방할 것 같습니다. 밀린 일을 정리하여 한 해를 잘 마무리해야 하니까요.

실제로 일본 사람들은 섣달 그믐날을 오미소카おおみそか, 大晦日라고 하여 이날 대청소를 했습니다. 설날은 새로운 한 해의 신神을 맞이하는 날이기에 미리 깨끗하게 청소를 하고

신을 맞이한다는 겁니다. 옛 풍습은 두 나라가 많이 닮았습니다.

저는 한 해를 회고하면 잘한 일, 잘못한 일이 주마등처럼 지나갑니다. 잘한 일로는 우리나라 정치가 '대립과 갈등'에서 '대화와 타협'의 정치로 발전하도록, 그 모델로서 독일의 정치를 분석한 《독일의 힘, 독일의 총리들》을 연초에 발산하고 이를 국회의원들에게 배포한 일입니다. 정치가 좋은 방향으로 바뀌었으면 하는 것이 온 국민의 소망일 테니까요. 그리고 〈조선일보〉에 칼럼 "풍경이 있는 세상"을 쓰기 시작한 것도 잘한 일이었습니다. 세상 살면서 보고 듣고 느낀 것들 가운데 이웃에게 전하여도 무방할 만한 이야기를 써서 공감할 수 있다면 저로서는 영광이자 기쁨이니까요.

한편 잘못이라고 생각되는 일도 많았습니다. 그 가운데는 역시 칼럼 "풍경이 있는 세상"을 쓰기 시작한 일도 들어 있습니다. 아무리 주말판에 칼럼 제목처럼 조금은 여유롭게 쓴다고 하지만 소재가 적절한지, 내용이 격에 넘치거나 부족한 것은 아닌지, 다른 사람을 불편하게 하지는 않는지, 설사 불편하게 하더라도 필요하다면 괘념치 않고 써야 하는 것은 아닌지 등 걱정거리가 적지 않기 때문입니다.

하지만 이처럼 상반된 생각은 칼럼을 시작하면서 이미 가졌던 대목이니까, 그리 자책할 일은 아닌 것 같습니다. 다만 칼럼을 시작하면서 품었던 생각, '그만 썼으면 좋겠다는 말이 나오기 전에, 즉 아니다 싶으면 나 스스로 그만두어야지. 추하지 않도록', 이것이 저의 새해를 맞는 작은 다짐이기도 합니다.

"아무튼, 주말" 독자 여러분, 새해 복 많이 받으십시오!

2022. 12. 31.

3부

천 마리 종이학

우울한 출발, 그래도 기대할 것은

우리나라는 세계사에 유례가 없을 만큼 짧은 기간에 민주화와 산업화를 달성했습니다. 그러나 압축적 성장과 발전을 이루다 보니 과도한 경쟁, 물질만능주의, 성과지상주의, 승자독식, 빈부 차이 등 많은 부작용이 생겨났습니다. 다양한 사회적, 경제적 갈등과 대립도 극심해졌습니다. 선진국 대열에 들어섰다지만 국민의 행복감은 오히려 떨어지고, 대한민국은 '분열 공화국'이라고까지 자조하는 형편입니다.

이를 해결해야 할 사명을 가진 정치권은 매번 정권교체에도 불구하고 여야가 입장이 바뀌어 과거의 잘못을 반복하고 있습니다. 윤석열 정부는 이 위선적인 난맥의 고리를 끊어주어야 합니다. 온 국민의 절실한 소망입니다. 그러나 우리 정치가 과거의 퇴행적 행태를 단절하고 새로운 변화와 도약을 이룰 수 있을지 의문입니다. 그만큼 어려운 문제이기 때문입니다.

정치는 그러하더라도 이럴 때일수록 중요한 것이 종교, 언론과 법원의 역할입니다. 영국이 한때 어려움에 빠졌을 때, 영국인들은 교회, 언론과 법원이 제 역할을 하면 영국은 그 어려움을 극복할 수 있다는 믿음을 가졌습니다. 정치가 제 역할을 하지 못하고 있는 지금, 우리의 형편에 꼭 들어맞는 말이기도 합니다. 그러나 우리나라에서 종교, 언론과 법원의 역할은 미흡합니다.

종교의 본령은 개개인의 영혼 구원과 더불어 사랑을 바탕으로 함께 잘사는 세상을 만드는 데 있을 것입니다. 그러나 이기적 기복祈福 신앙을 부추기거나 편향적 정치 활동으로 사회를 혼란스럽게 하는 성직자도 적지 않은 형편입니다. 심지어 성직자가 대통령 내외를 저주하며 탑승한 비행기가 추락하기를 기도하는 지경에 이르렀습니다. 참으로 충격적인 일이자 부끄러운 일입니다. 지극히 예외적인 성직자이길 바랄 뿐입니다.

언론도 마찬가지입니다. 언론의 사명은 사실관계를 정확히 밝히고 그 바탕 위에 보편타당한 평가 분석을 통하여 사회를 바른 길로 이끄는 사회적 공기公器로서 세상의 목탁木鐸 역할을 하는 것입니다. 그러나 지금 일부 언론은 특정 이념이나 정치 세력의 파수꾼 역할을 하며 사회 혼란과 국민 분열을 꾀하고 있습니다. 때로는 가짜뉴스를 생산하기도 하고, 겉으로는 진리와 정의를 말하지만 그 속에는 탐욕과 위선이 가득 차 있습니다.

영국 옥스퍼드대 부설 로이터 저널리즘연구소가 2020년 6월 공개한 '디지털뉴스리포트 2020'에 따르면 한국인들의 뉴스 신뢰도는 21%로 조사 대상 40개국 중 40위로 2017년부터 2020년까지 4년 연속 꼴찌를 기록하고 있다고 합니다. 역시 부끄러운 일입니다.

법원은 국민의 신뢰가 그 생명입니다. 아무리 세상의 불의한 일이나 개인적으로 억울한 일이 있어도 법원에서 잘 가려줄 것이라는 믿음이 있을 때 국민은 희망을 갖습니다. 그러나 지금 우리나라의 법원에 대한 신뢰는 흔들리고 있습니다. 저는 법관 대부분이 성실하고 바르게 업무를 수행하고 있어 그리 걱정할 정도는 아니라고 보지만, 많은 국민이 의구심을 갖고 법원을 바라보고 있습니다. 그러한 분위기 자체가 우려스러운 일입니다. 법원을 정치적으로 이용하려는 세력과 정치적 편향성을 드러내는 극히 소수의 법관이 있었기 때문입니다. 이 또한 부끄러운 일입니다.

정치, 종교, 언론, 법원이 제 역할을 다하지 못함에 따라 그 결과로 우리 사회 공동체 구성원 간의 신뢰가 무너지고 상대방에 대한 증오가 넘쳐나고 있습니다. 우리 사회에 만연한 증오의 언어와 분노의 표정들은 우리가 지향하는 선진 대한민국에 결코 걸맞은 모습이 아닙니다. 국민이 깨어 있어 이를 바로잡아 주어야 하지만 그것도 기대하기 어려운 형편입니다. 솔직히 해결 방안이 보이지 않아 걱정입니다. 길이 보이지 않는 곳에서 길을 찾아 나서는 새해의 우울한 출발입니다. 그래도 기대할 것은 국민의 각성과 올바른 판단입니다.

2023. 1. 7.

천 마리 종이학

2022년 11월 26일 "3천 명의 고아를 돌본 여인"이라는 제목으로 칼럼을 썼습니다. 그 후 칼럼에 인용한 분들과 연락이 닿아 재미있는 이야기를 나누었습니다. 저 혼자만 알고 넘기는 것이 아깝다는 생각이 들어 소개하고자 합니다.

목포에서 3천 명의 고아를 돌보았던 윤학자(일본 이름은 다우치 지즈코) 여사의 장남으로 일본에서 재일동포 노인들을 위한 요양 시설인 '고향의 집'을 운영하고 있는 윤기 이사장이 제 칼럼을 읽고서 마침 한국을 방문할 기회에 저를 찾아오셨습니다. 그리고 목포 공생원과 오부치 게이조 전 일본 총리와의 인연을 들려주었습니다.

오부치 총리는 1998년 10월 김대중 대통령과 함께 '21세기 한·일 파트너십 공동선언'을 발표하며, 일본이 과거

식민지 지배로 한국 국민에게 커다란 피해와 고통을 안긴 역사적 사실을 두고 통절한 반성과 함께 진솔한 사죄를 한 분입니다. 오부치 총리는 윤 여사에서 장남 윤기, 손녀 윤록으로 이어지며 운영되는 공생원의 사연이 일본 NHK TV에 다큐멘터리로 소개된 것을 보고 감동하여, 윤록 공생원 원장에게 직접 전화를 걸어 "TV에서 보고 감동했다"며 "꼭 한번 목포를 찾아가겠다"고 약속했습니다.

김종필 총리가 일본을 방문했을 때 환영 만찬에 윤록 원장을 초대하기도 했습니다. 윤학자 여사가 작고하기 전 병상에서 우메보시(매실장아찌)를 먹고 싶다고 했다는 말을 듣고서 매화나무로 유명한 자신의 고향 군마현의 매화나무 묘목 20주를 목포 공생원으로 보냈고, 공생원은 이를 윤학자 여사 기념비 곁에 심었습니다.

오부치 총리가 2000년 뇌경색으로 쓰러지자 공생원 아이들은 오부치 총리의 쾌유를 비는 마음으로 종이학 천 마리를 접어 병상으로 보냈습니다. 오부치 총리의 부인인 오부치 지즈코 여사는 종이학을 병실 링거 거치대에 걸어 총리가 눈을 뜨면 가장 먼저 볼 수 있도록 해 놓았습니다.

그러나 총리가 끝내 회복하지 못하고 돌아가시자 오부치 여사는 종이학 천 마리를 관(棺)에 함께 넣었습니다. 여사는 공생원 아이들에게 "여러분이 보내 주신 종이학은 남편을 천국으로 인도해 줄 것이라고 믿고 있습니다. 언젠가 남편

목포 공생원에 세워진 윤치호 선생·윤학자 여사 기념비.

을 대신해 여러분의 건강한 모습을 뵈러 가겠습니다"라고
편지를 썼습니다.

그 후 오부치 여사는 2008년 목포공생원을 찾았습니다.
그런데 재미있는 것은 윤학자 여사의 원래 한자 이름은 학
자鶴子가 아니라 천학자千鶴子이고, 오부치 여사의 이름도 천
학자千鶴子라는 사실입니다. 그리고 목포 공생원 아이들이
접어 보낸 것도 천 마리의 종이학, 이래저래 신기하고 아름
다운 인연입니다.

다음은 역시 칼럼에 소개했던 니시모리 시오초西森潮三 전
고치현 의회 의장에 관한 이야기입니다. 니시모리 의장은

윤학자 여사의 고향인 고치현에 윤학자 여사 기념비를 세우고, 고치현에 있는 안중근 의사 유묵이 한국에 반환되도록 노력하면서 한·일 우호협력을 위해 힘쓰는 분입니다.

그런데 칼럼을 쓴 며칠 후 자기가 대통령으로부터 표창장을 받게 되었다며 어찌 된 일인지 놀라워하며 경위를 물어왔습니다. 알아보니 안중근 의사 유묵 한국 반환에 노력한 공적으로 히로시마 총영사관의 추천에 따라 주는 표창장이었습니다. 그분도 한국을 방문해 표창장을 들고 저를 찾아왔습니다.

그분은 제가 전에 부탁한 일, 즉 고치현에 윤학자 여사 기념비에 이어 고치현과 인연이 있는 안중근 의사의 기념비를 세워 달라는 부탁을 이행하는 것을 당신 여생의 마지막 과업으로 삼겠다고, 사뭇 비장하게 다짐했습니다. 그래서 100세까지 사시면서 몇 가지 일을 더 해 달라고 웃으며 부탁했습니다.

마지막은 김영록 전라남도 지사께서 전화로 연락하신 일입니다. 니시모리 의장에게 안중근 의사 기념비를 고치현에 세워 달라는 부탁을 했다는 내용을 읽고, 고치현과 자매결연을 맺고 있는 전라남도로서도 돕고 싶다는 말씀이었습니다. 그래서 민간 차원에서 우선 추진해 보고 혹시 전라남도의 역할이 필요한 경우 상의드리겠다고 말씀드렸습니다. 관심이 고마웠습니다.

    칼럼 한 편 덕분에 마음이 따뜻해지는 여러 호사를 누렸습니다.

2023. 1. 14.

온라인 강연회에서 만난 다누리

'다누리'는 우리나라가 만들어 달로 보내 달에 관한 자료를 수집하는 탐사선의 이름입니다. '달'과 '누리다'를 합성한 이름으로 대국민 명칭 공모를 거쳐 탄생했습니다. 2022년 8월 5일 발사되어 4개월 이상 항행한 끝에 12월 17일 달 궤도에 도착했습니다. 38만 킬로미터 떨어진 달을 향해 직접 날아가면 이삼 일이면 도착할 수 있지만, 다누리는 우주 한복판을 향하여 156만 킬로미터를 날아갔다가 되돌아와 달 궤도에 진입한 것입니다. 그 항행 거리가 무려 594만 킬로미터에 이릅니다.

이런 엉뚱한 길을 택한 것은, 다누리가 속도를 높이거나 방향을 바꿀 때는 연료가 많이 소모되지만, 그냥 자연스러운 자기 속도로 가는 것은 연료 소비가 적기 때문입니다. 즉, 자기 속도로 항행하다가 태양과 지구의 중력이 균형을 이루는 지점에서 추력기를 작동해 빠르게 속도와 방향을 바꾸어 달을 향하고, 절약한 연료는 필요에 따라 속도를 높이거나 궤도 수정 등에 사용할 수 있게끔 아껴 두는 것입니다.

우주 공간으로 멀리 나갔기 때문에 탑재한 고해상도 카메라로 지구와 달이 우주 공간에 나란히 떠 있는 모습을 촬영하여 보내오기도 하였습니다. 124만 킬로미터나 떨어진 우주에서 촬영한 희귀한 모습의 사진이기 때문에 합성 사진이 아닌가 하는 의심을 받기도 했습니다. BTS의 뮤직비디오를 지구로 전송하는 실험도 성공했습니다. 달 궤도에 도착한 다누리는 처음에는 타원형 궤도를 돌다가 차츰 궤도를 수정하여 12월 29일쯤 100킬로미터 상공에서 원 궤도로 안정적으로 자리 잡게 됩니다. 앞으로 1년 동안 달 표면 사진 촬영, 차후 달 착륙 후보지 선정, 흙 성분 분석, 자기장 측정, 햇볕이 들지 않는 분화구 안의 수분 유무 탐색 등의 임무를 담당합니다. 이로써 우리나라는 세계에서 일곱 번째 달 탐사 국가가 되었습니다.

위 내용은 호암재단이 주최하는 청소년 온라인 강연회에서 한국천문연구원 우주탐사그룹 심채경 선임연구원이 지난 12월 26일 강연한 "달 탐사와 다누리호"의 요지로서 청소년들과 함께 제가 새롭게 배운 내용입니다. 강연을 듣는 동안 광활한 우주와 보석처럼 빛나는 푸른 지구, 우주를 개척해 나가는 인간의 위대함, 다른 한편 한없이 왜소한 인간 존재 등 많은 것을 생각하게 되었습니다.

온라인 강연회는 청소년을 위해 여름과 겨울에 하루 세 강좌 사흘 동안 진행되는데, 저도 제일 열심히 듣는 사람 중에 속하는 것 같습니다. 프로그램을 주관하며 관리한다는 명목이지만 유익하고 재미있기 때문입니다. 원래 삼성호암상 시상식 즈음에 청소년을 위한 대면 강연회를 열었던 것을 코로나19로 인하여 강연회 개최가 어려워지자 비대면 온라인 강의로 전환한 것입니다. 그 덕분에 수강자가 수백 배로 늘어났습니다. 코로나19가 가져온 긍정적 효과이기도 합니다.

줌이나 유튜브를 통하여 실시간으로 중계되기 때문에 강연 후 학생들과 강연자 사이에 질의응답도 즉석에서 이루어집니다. 당연히 다양한 질문이 쏟아집니다. 청소년들의 관심사나 고민을 알 수 있는 기회이기도 합니다. 심지어 한번은 초등학교 1학년의 여자아이의 의젓하고 침착한 질문에 깜짝 놀라기도 했습니다. 강사로는 삼성호암상 수상자를 비롯한 국내 저명한 석학들이 나서고, 주제는 청소년들에게 영감을 주어 진로 선택에 도움이 되거나 교양을 넓힐 수 있는 과학, 기술, 문학, 예술, 인문 교양 등 다양한 분야를 망라합니다. 금년 여름에는 삼성호암상과 수학계의 노벨상인 필즈상을 수상한 허준이 교수를 강사로 모실 예정입니다.

온라인 강연회에는 개인은 물론 학교 또는 학급 단위로 참여하는 경우도 많습니다. 영월 옥동중은 전 학년 14명이 참여하였는데 조금은 쓸쓸한 생각이 들기도 했습니다. 충주 송절중은 교장 선생님의 적극적 지도하에 전교생이 사흘 동안 내내 전 강의에 참여했습니다. 전국 각지에서 학생들을 위해 챙기시는 선생님들의 노력이 고맙고 존경스러웠습니다.

2023. 1. 28.

수평적, 수직적 연대로 협력하는 정치

요즈음 여야 의원들의 소통과 협력은 사실상 실종 상태 같습니다. 공식적 회의 외에 함께 만나 자유롭게 의견도 나누고 친목을 다지는 기회가 있는지 모르겠습니다.

이런 분위기에서 2022년 12월 정당을 초월한 국회의원들의 공부 모임인 '독일협치연구포럼'이 출범했습니다. 김종민 의원(민주당)과 박수영 의원(국민의 힘)을 대표의원으로, 양기대 의원(민주당)과 최형두 의원(국민의 힘)을 연구책임의원으로 하여, 독일의 협력 정치를 구체적 사례를 통해 공부해 우리나라 정치도 변화시켜 보자는 취지입니다.

12월 13일 추운 새벽에 포럼 출범 특강의 발제자로 불려 나갔습니다. 양당은 물론 정의당과 무소속 의원, 그리고 박병석 전 국회의장도 나오셨습니다. 국회의장께서 그 새벽에 나오신 이유는 오랜 정치 경험에서 지금 이대로는 곤란하고 대화와 타협의 새로운 정치로 변화가 필요하다는 생각이 들어 격려하고자 함이었을 것입니다. 어느 기자는 이런 모임은 참 오랜만이라며 이 자체로 기삿감이라고 신기해했습니다.

저의 강연은, "제19대 국회에서도 독일 공부 모임이 있었으나 그때는 여당은 남경필 의원, 야당은 원혜영 의원을 대표로 하여 별도로 모임을 진행한 결과 독일에 관해 공부한 내용도 서로 자기들에 유리하게 이해하고 주장하여 다툼이 있었을 것 같은데, 이제는 여야가 함께하니 그런 위험은 없어져 다행"이라는 우스개로 시작했습니다.

독일의 협치(협력정치) 내지 연정(연립정부)의 관행은 한 정당이 의회 과반 의석을 차지하는 일이 사실상 불가능하기 때문에 가능합니다. 정당 득표 비율에 따라 의석을 배분하는 선거제도와 다당제 때문입니다. 독일은 1949년 건국 후 지금까지 예외 없이 연정을 했습니다. 연정 협상은 연정 파트너끼리 장관직을 배분하는 것에 그치지 않고, 선거 기간 중 달리하였던 공약을 협상을 통해 단일한 정책으로 만드는 작업입니다. 타결된 연정 협약서는 A4 용지 수백 페이지에 이릅니다. 그래서 연정이라 하여 국정 운영이 불안할 이유가 없습니다.

이것이 같은 시대의 협력 정치, 즉 '수평적 연정'이라 한다면, 다른 시대의 협력 정치인 '수직적 연대'는 독일 협치의 다른 모습입니다. 정권교체가 이루어지더라도 전임 정부의 많은 정책이 후임 정부에서 조정 진화하면서 계승되는 것입니다.

대표적인 것이 중도 좌파 사민당 출신 빌리 브란트 총리가 동서냉전 해소와 평화 정착을 위해 소련, 동독 등과의 교류 협력을 내세운 동방정책입니다. 중도우파 기민당은 초기에 이를 동·서독 분단 고착 정책이라고 비난하며 반대했으나, 후에 기민당 헬무트 콜 총리는 이를 계승하여 독일 통일까지 완성했습니다.

1970년대 중반 소련이 동유럽에 중거리 핵미사일 SS-20을 배치하자 사민당 출신 헬무트 슈미트 총리는 다수 사민당원의 반대에도 불구하고 퍼싱-2 핵미사일 배치 및 핵 폐기 협상을 벌이기로 하는 이중 결정 정책으로 맞섭니다. 공포의 균형이 없는 평화는 진정한 평화가 아니라면서.

후임 헬무트 콜 총리는 이 정책을 계승하여 핵 배치 및 폐기 협상을 거쳐 슈미트가 계획한 대로 성과를 달성했습니다. 또 이것이 베를린 장벽 붕괴 및 통일로 연결되는 결과로 나타났습니다.

독일이 통일 후유증으로 인한 경제 침체를 겪으며 '유럽의 병자'라는 비아냥을 받을 때, 사민당 출신 게르하르트 슈뢰더 총리는 감세, 복지 축소, 고용 유연성 등을 내용으로 하는 포괄적 사회 노동개혁을 단행했습니다. 그러나 이에

178

반발한 자당 지지자 이탈로 선거에서 패배하고 기민당 출신 앙겔라 메르켈에게 총리직을 넘겼으나, 메르켈이 사민당과 대연정을 하며 이 정책을 밀고 나가 독일을 다시 '유럽의 성장 엔진'으로 변모시켰습니다.

이날 포럼 출범 특강에서 저는 의원들에게 정당 상호 간의 수평적, 수직적 협력을 통하여 국가발전을 이루어 가는 독일의 예를 소개하며, 우리나라에서도 하루빨리 맹목적 대립이나 증오를 넘어 우리 실정에 맞게 협치하는 데 노력을 기울여 달라고 부탁했습니다.

2023. 2. 4.

감동을 주는 양형

얼마 전 인천지방법원 형사 재판부는 38년간 돌본 중증장애인 딸을 살해한 60대 어머니에게 징역 3년, 집행유예 5년의 형을 선고하여 구속을 면하게 해 주었습니다. 오랫동안 몸이 아픈 딸을 돌보았고, 딸이 대장암 진단 후 항암치료를 받는 과정에서 극심한 고통을 겪는 모습을 보고 우발적으로 범행을 저질렀다고 보아 관대하게 처분한 것입니다. 재판부로서도 살인죄에 대하여 집행유예라는 관대한 형을 선고하는 데에 고민이 많았을 것이고, 그렇기에 용기가 필요했을 것입니다. 재판 며칠 후 검사도 항소를 포기했다는 소식이 전해졌습니다. 따뜻함과는 거리가 먼 소식을 전해 오기 마련인 법원과 검찰이 보내온 훈훈한 소식이었습니다.

형사재판을 하는 때 범죄사실의 인정 여부가 애매하여 고민스러운 경우도 많지만, 유죄의 경우라도 형을 얼마로 정할 것인지, 즉 양형量刑이 괴로울 정도로 고민스러운 경우도 많습니다. 또 재판을 담당하는 판사의 주관에 따라서 양형에 차이가 나는 것도 바람직하지 않습니다. 그래서 양형 기준을 미리 정해 놓고 이를 참고하도록 하고 있지만, 그 기준이 모든 고민을 해결해 주는 것은 아닙니다. 사건의 구체적 내용을 들여다보면 각양각색이기 때문입니다. 이번 사건을 담당한 재판부도 정해진 양형 기준을 어떻게 이해하여 적용할 것인지 고민이 많았을 것입니다.

이번 사례를 보면서 생각나는 사건이 하나 있습니다. 젊은 판사 시절 경험했던 사건이지만, 지금까지도 제 마음 한 구석에 자리 잡고 있는 사건입니다.

15세 소년 피고인은 부모와 동생과 살면서 공장에 다니며 돈을 벌어 사실상 가정을 책임지고 있습니다. 어머니도 노동을 하지만 벌이가 시원치 않습니다. 아버지는 알콜중독자로 소년과 어머니의 돈을 빼앗아 술을 마시고, 취하면 가족을 때리거나 동네 사람들에게 행패를 부려 집주인이 셋방을 비워 달라고 요구한 상태였습니다.

사건 당일 소년이 퇴근하여 집에 돌아오자 아버지는 여전히 술에 취해 행패를 부리고 있었고, 동네 사람들이 어머니와 동생을 피신시켜 놓았습니다. 소년이 어렵사리 아버지를 방으로 끌어넣자 아버지는 지쳐 잠이 듭니다. 그 옆에 앉아 있던 피고인은 "차라리 아버지가 없으면 세 식구가 단란하게 살아갈 수 있는데"라는 생각에 이르고, 그만 허리띠로 아버지의 목을 졸라 살해합니다.

소년은 아버지 시신 곁에서 울면서 밤을 새웁니다. 새벽에 어머니와 동생이 돌아와 그 광경을 목격합니다. 어머니는 동생을 학교에 보내 놓고 소년과 함께 그 곁에서 울다가 경찰서를 찾아가 자수합니다.

법정은 울음바다였습니다. 소년은 아버지를 죽인 자기를 죽여 달라고 소리치며 웁니다. 어머니는 이 아들이 없으면 자기는 살아갈 수 없다고 웁니다. 동네 사람들도 소년에 대한 관용을 탄원합니다. 방청석 여기저기에서 눈물을 훔치는 사람도 있습니다.

소년을 어머니 품에 돌려보내고 싶었습니다. 그러나 형법은 단순 살인죄와 달리 부모 등 존속을 살해하는 것은 존속살인이라 하여 더 무겁게 처벌하도록 하고 있어서(살인죄는 법정형 최소한이 5년이나 존속살인은 무기징역임), 존속살인의 경우 살인과 달리 사실상 집행유예가 불가능합니다. 법률상 허용되는 감경減輕을 두 번 해도 선고형이 집행유예가 가능한 징역 3년 이하로 떨어지지 않기 때문입니다. 그래서 가정법원 소년부로의 송치나 자수에 따른 형 면제까지도 생각해 보았지만, 존속살인이라는 죄명과 거역하기 어려운 인습의 무게에 짓눌려 자수를 근거로 법률상 감경을 하고, 다시 정상을 참작해 감경을 한 번 더 하여 징역 5년을 선고했습니다. 그러면서 더 지혜롭고 용기 있는 고등법원 재판부를 만나기를 소망했습니다. 지금도 그 사건을 생각하면 마음이 아픕니다. 가끔 소년과 어머니를 생각하며 그들이 행복하게 살아가기를 바랐습니다. 지금도 그 사건의 정답이라 할 만한 형량은 얼마인지 잘 모르겠습니다.

아무튼 감동을 주는 양형은 고뇌의 수고가 필요한 예술 작업과 흡사합니다.

2023. 2. 11.

연금개혁, 세대 간 사랑 잇기 작업

연금제도는 일하는 사람(연금 가입자)이 낸 보험료를 모아 연금 기금을 만들고 이 기금에서 은퇴자(연금 수급자)에게 연금을 지급하는 사회보험 제도로, 은퇴자의 노후보장 수단이자 사회안전화 수단입니다. 그러나 일하는 사람은 줄어들고 연금을 받는 은퇴자가 늘어나는 경우, 이에 적절히 대처하지 않으면 연금 기금은 고갈되어 갈 것입니다.

세계에서 가장 빠르게 저출산·고령화가 진행되고 있는 우리나라가 그런 위험에 놓여 있습니다. 이대로 가면 2041년에 기금 지출이 수입을 웃도는 적자가 발생하기 시작하고, 2055년에 연금 기금은 고갈됩니다. 지금은 가입자 4명이 은퇴자 1명을 책임지지만 2060년에는 5명을 책임져야 합니다. 사실상 연금제도는 파탄에 빠질 것입니다.

이처럼 연금제도가 안전하지 않다는 인식이 퍼진다면 지

금부터 연금 가입자는 불안해지고 덩달아 사회도 불안해집니다. 그래서 차라리 국민연금을 없애고 노후를 각자 책임지자는 목소리까지 나옵니다. 그러나 국민 개개인에게만 노후 생활 대책을 맡길 경우 이에 대비하지 못한 사람이 생길 수 있어 사회는 더욱 불안정해질 것이고, 각자 스스로를 챙겨야 하는 각자도생各自圖生의 세상이 되면 사회는 과당 경쟁에 빠져들고 거칠어질 것입니다. 그래서 안정적 사회보장 수단으로 작동하는 연금제도를 확립하는 것이 그만큼 중요합니다. 그러므로 연금개혁이 시대적 과제일 수밖에 없습니다.

현재 우리나라의 보험료율(소득 대비 보험료 비율)은 소득의 9%로, OECD 평균의 절반 수준입니다. 안전한 연금 재정 유지나 수령연금의 수준을 올리기 위하여 당연히 보험료율을 상당한 수준까지 올려야 하지만, 그러한 경우 연금 가입자가 당장 쓸 수 있는 소득은 줄어들고, 소비가 감소함에 따라 경제 침체가 우려되기도 합니다. 또한, 연금 수령 시기를 늦추면 안전한 연금 재정 확충에 도움이 되지만 은퇴자는 실제로 은퇴 후에도 상당 기간 연금을 받지 못하게 됩니다. 그래서 더 오래 일해야 하며, 정년을 늘려야 할 필요도 생깁니다.

소득대체율(연금 수령액이 생애 평균소득에서 차지하는 비율)이 낮아 연금 수령액이 너무 적은 경우는 연금의 노후보장 수단으로서의 사회보장 기능이 떨어지고, 이를 늘릴 경우 보험료 인상이 불가피합니다. 이처럼 다양한 요소가 결합된 문제이고, 연금 가입자와 수급자의 이해관계, 즉 세대 간의 이해관계가 엇갈리는 문제이기 때문에 해결이 쉽지 않습니다.

제대로 개혁하여 문제를 해결하려는 지도자는 정치적으로 손해를 입을 수도 있습니다. 그래서 모른 체하고 덮어 두려는 유혹에 빠지기도 합니다. 또한, 거꾸로 대책 없이 보험료율을 낮추거나 소득대체율을 높이는 등 포퓰리즘으로 접근하면 국가의 미래는 재앙에 빠질 것입니다.

그러나 제대로 된 정부라면 문제가 뻔히 보이는 일을 미루어 둘 수는 없습니다. 연금개혁의 핵심은 연금 재정의 확충이고, 그 토대 위에서 연금 수령액이 노후보장 기능을 할 정도로 만드는 것입니다. 이러한 개혁은 빠르면 빠를수록 좋습니다. 그리고 연금을 내는 사람과 연금을 받는 사람이 자기중심의 이기적 생각을 버리고 서로 이해하고 존중하는 분위기를 만들어야 합니다.

다음 세대를 위하여 조금 희생하는 자세를 갖는다면 연금 재정 확충을 위해 보험료율 인상을 용인해야 하고, 은퇴한 사람도 수령 개시 연령을 뒤로 미루거나 좀 더 오래 일하는 것을 용인해야 합니다. 연금개혁은 결국 세대 간 배려에 터 잡은 '사랑 잇기' 작업입니다.

지금 프랑스 마크롱 대통령은 국민의 강력한 저항에도 불구하고 연금수령 시기를 62세에서 64세로 2년 늦추려는 개혁 작업을 추진하고 있습니다. 이웃 나라 독일은 이미 연금 수령 시기를 65세에서 67세로 순차적으로 늦추어 가고 있습니다. 프랑스인들이 이 정도도 후세를 위해 양보하지 못하나 하는 실망스러운 생각이 듭니다. 이에 맞서 개혁을 관철해 나가는 마크롱 대통령이 존경스럽습니다.

　나라의 미래와 후세를 위하여 연금개혁에 적극적으로 나서는 윤석열 대통령이 마크롱 대통령을 본받고, 우리 국민은 프랑스 국민을 본받지 않았으면 좋겠습니다.

2023. 2. 18.

아직 우리에게 좋은 날은 오지 않았습니다

작년에 "풍경이 있는 세상" 칼럼을 시작하면서 쓴 첫 글이, 막 발발한 우크라이나 전쟁을 안타까워하고 하루빨리 전쟁이 끝나기를 바라며 쓴 "기차는 8시에 떠나네"였습니다. 전쟁에 나간 연인이 돌아오기를 애타게 기다리는 여인의 심정을 노래한 그리스 출신 메조소프라노 가수 아그네스 발차의 노래 제목을 그대로 따온 것입니다. 아울러 글에서 같은 가수의 노래 〈우리에게도 좋은 날이 오겠지〉를 소개하며, 전쟁의 조기 종식을 기원했습니다.

그러나 전쟁은 1년이 지난 지금도 계속되고 있습니다. 명분 없는 전쟁에 내몰린 군인들과 무고한 시민들의 희생과 각종 기반 시설 파괴로 피해가 날로 커지고 있습니다. 그런데도 전쟁이 끝날 기미가 보이지 않습니다. 전쟁을 끝내려는 국제사회의 노력도 잘 보이지 않습니다. 아직 우리에게 좋은 날은 오지 않았습니다.

전쟁은 하루빨리 끝나야 합니다. 가장 합리적인 해결책은 작년 2월 침공 이전의 상태로 돌아가는 것입니다. 즉, 러시아는 우크라이나 점령지에서 무조건 철수하고, 우크라이나도 2014년에 러시아에 합병된 크림반도는 일단 러시아의 점령 상태를 인정하되 관리 방식에 대해서는 옛 홍콩 등 다양한 사례를 참고해 타협하는 것입니다. 현실적으로 불가능하거나 피해가 막심한 완승 완패가 아니라 상호 양보하여 전쟁을 빨리 끝내야 한다고 생각하는 국제정치 문외한인 저의 소박한 생각입니다.

러시아의 푸틴 대통령은 집권 초인 2001년 9월 25일 독일 연방 하원에서 연설을 하였습니다. 이 연설에서 푸틴은 "어느 누구도 유럽과 미국 관계의 큰 가치를 의심하지 않습니다. 그러나 유럽이 가장 강력하고도 독립적인 세계 정치 무대에서 명성을 공고히 하려면 유럽의 능력과 러시아의 인적, 영토적, 자연적 자원과 경제, 문화 및 국방 잠재력을 통합해야만 한다고 확신합니다"라며 통일된 안전한 유럽과 세계를 강조했습니다. 즉, 미국과 유럽의 유대 관계를 인정하면서 러시아가 유럽의 일부임을 강조하고 유럽과 러시아의 협력 관계를 강조했습니다. 지극히 합리적인 견해의 표명이었습니다.

게르하르트 슈뢰더 당시 독일 총리는 이때 러시아를 신뢰하고 푸틴을 기본적으로 민주주의와 시장경제를 실현할 인물로 보았습니다. 나아가 '러시아와의 전략적 파트너십' 없이는 장기적인 유럽의 안보와 복지가 보장될 수 없다고 생각했습니다. 독일 경제의 관점에서도 러시아는 독일에 대한 중요한 에너지 공급원이고, 좋은 시장이 되리라고 생각했습니다. 그리고 러시아가 다른 나라를 먹어 치우려고 호시탐탐 때를 노리는 한 마리 곰에 지나지 않는다는 유럽 사회의 오해를 바로잡아야 한다고까지 생각했습니다.

이런 생각 때문에 슈뢰더는 총리직에서 물러난 후 '북유럽가스관 사업NEGPC' 주주위원회 의장직을 맡는 등 러시아와 친밀한 관계를 유지했습니다. 이를 둘러싸고 독일 사회에서는 일부 비난하는 여론이 이는 등 논란이 있었지만, 러시아와의 에너지 협력 정책 등은 메르켈 시대에도 계승되었습니다. 브란트 총리의 '접근을 통한 변화Wandel durch Annaehrung'에 빗대 '교역을 통한 변화Wandel durch Handel'를 내세우며, 경제 협력은 궁극적으로 평화 유지에 도움이 된다는 생각 때문이었습니다.

그러나 2014년 러시아의 크림반도 합병과 2022년 우크라이나 침공을 생각하면 러시아와의 협력 정책이 현재로서는 유럽과 세계에는 재앙이라고 할 수밖에 없습니다. '슈뢰더나 메르켈이 푸틴에게 처음부터 속은 것일까? 서방 세력이 푸틴으로 하여금 그러한 선택을 하도록 몰고 가서 푸틴이 변한 것일까? 이런 결과를 예견할 수 없었을까?' 등의 생각이 꼬리를 물고 이어집니다.

그래서 정치는 어렵고 리더십이 중요한 것이겠지만, 국제사회에서 절대 신뢰는 없으며 항상 다른 쪽으로 플랜 B를 생각해야 함을 교훈으로 안겨 주고 있습니다. 특히 국가 운영이 강력한 한 명의 지도자에 의존하는 나라를 상대할 때에는 더욱 그러한 것 같습니다.

2023. 2. 25.

마우리치오 카텔란전 관람 후기

단정히 옷을 입은 사람이 무릎을 꿇고 흰 벽을 바라보고 있습니다. 뒷모습만으로는 소년인지 어른인지 잘 모르겠습니다. 누가 왜 그런 자세로 있는지 궁금해집니다. 앞쪽으로 나아가 몸을 돌려 쳐다보니 아돌프 히틀러입니다. 뜻밖의 만남에 순간 멈칫하며 놀랍니다. 히틀러와 눈이 마주칩니다. 크게 뜬 눈으로 저를 바라보는 것 같습니다. 위치를 옮기자 시선이 저를 따라오는 것 같습니다. 그러나 자세히 들여다보니 눈은 약간 위쪽을 바라본 채 고정되어 있습니다. 얼굴은 분노를 감추고 억울해하는 것 같기도 하고, 잘못을 회개하며 민망해하는 것 같기도 합니다.

지금 리움미술관에서 열린 이탈리아 작가 마우리치오 카텔란의 작품 38점으로 구성된 기획전 'WE'에 출품된 〈그〉(2001)라는 작품입니다.

미술관 입구와 안쪽 로비에 실제 사람처럼 보이는 두 노숙자가 누워 있거나 고개를 숙이고 앉아 잠들어 있습니다. 작품 〈동훈과 준호〉(2023)입니다. 전시관 내 높고 낮은 곳 곳에 수많은 비둘기가 자리하고 있는 〈유령〉(2021), 교황 바오로 2세가 운석에 맞아 쓰러진 〈9번째 시간〉(1999), 바나나를 테이프로 벽에 붙여 놓은 〈코미디언〉(2019), 한 사내가 전시장 바닥을 뚫고 머리를 디밀고 나와 두리번거리는 〈무제〉(2001), 쌍둥이처럼 보이는 두 사내가 검은 양복을 입고 하얀 침대 위에 나란히 누워 있는 〈우리〉(2010) 등 하나같이 알 듯 모를 듯한 작품들입니다.

그뿐만이 아닙니다. 한 소년이 높은 곳에 걸터앉아 가끔 북을 두드립니다. 독일의 노벨문학상 수상 작가 귄터 그라스의 소설 《양철북》에 나오는 소년 오스카를 끌어온 것 같습니다. 오스카는 전쟁과 대립으로 가득한 세상에 대한 반항으로 성장을 멈추고 양철북을 두드리며 광대처럼 살아가는 인물인데, 카텔란도 같은 뜻에서 양철북 치는 소년을 등장시켰는지 모르겠습니다. 관객들은 깜짝 놀라 소리 나는 위쪽을 바라보고, 이내 정체를 확인하고서 재미있어합니다.

카텔란은 이처럼 상징적 인물이나 일상적 소재를 활용하고 이를 익살스럽게 또는 발칙하게 비틀어 낸 이미지를 통해 우리의 기존 가치체계를 살짝 흔들어 보고, 사람들의 궁금증을 야기하거나 즐겁게 만듭니다. 그러면서 카텔란 본인은 정작 작품의 의도를 밝히는 것을 자제합니다. 심지어 많은 작품명을 '무제'로 해놓은 것도 그런 뜻에서였을 것입니다. 그러나 이번 카텔란의 작품들은 난해하지 않아 관객들이 각자 작품의 주인이 되어 나름대로 해석해 볼 수 있고, 이를 다른 사람과 활발하게 토의해 보면서 서로 공감하는 대목을 찾아낼 수도 있을 것 같습니다.

현대미술에서 종래의 예술에 대한 관념을 벗어나 완성된 작품 자체보다는 제작의 아이디어나 과정이 바로 예술이 될 수 있다고도 한다지만, 너무 난해하여 작가의 제작 의도를 듣고도 이해·공감되지 않거나 심지어 불쾌감을 느끼는 경우까지 있어 이를 예술이라 할 수 있을까 하는 생각이 들기도 합니다.

오래전 어느 전시회에서의 경험입니다. 시체를 화장하여 생긴 뼛가루로 분필 모양의 기둥을 만들어 놓고 소멸·죽음·흔적을 나타내는 것, 핵폐기장 설치 반대 집회 참가자들의 옷과 신발 등을 모아 진열해 놓고 방사능 문제를 제기하고자 하는 것, 웨딩드레스를 소금물에 담가 절여 놓고 퇴색해 가는 결혼생활을 상징하는 것이라는 작품들을 보고 공감은커녕 억지스럽다고 느꼈던 기억이 있습니다. 아는 만큼 보이는 문외한인 탓인지 모르겠습니다만.

그런데 이번 전시회는 그렇지 않았습니다. 바티칸의 시스티나성당을 축소하여 만들고 그 내부에 〈최후의 심판〉 등 천장화와 벽화를 그대로 그려 놓은 뒤 들어가 감상할 수 있게 해 놓았습니다. 작가의 배려심이 엿보이는 예술적 아이디어입니다. 또 하나는 '찰리' 군입니다. 찰리는 세발자전거를 타고 나타나 전시장 이곳저곳을 돌아다닙니다. 관객들이 신기해하며 즐거워합니다. 입구 밖의 노숙자로 시작하여 곳곳의 비둘기, 북 치는 소년, 찰리 군까지 모든 것이 한데 어울린 하나의 작품처럼 보입니다.

인간은 호모 루덴스Homo Ludens, 즉 '놀이하는 존재'임을 확인해 주는 전시회 같습니다.

2023. 3. 4.

자손들 명의의 신용카드를 함부로 사용해서야

지금 노인들의 지하철 무임승차를 둘러싼 논의가 한창입니다. 지하철을 운영하는 서울특별시 등 광역지방자치단체나 지하철 이용자 등 시민들의 이해관계가 엇갈려 다양한 견해가 넘쳐납니다. 모든 견해가 나름대로 일리 있습니다.

무임승차 제도가 처음 도입된 1980년 당시에는 만 70세 이상 노인을 대상으로 요금을 50% 할인해 주었습니다. 이듬해 기준 연령이 65세 이상으로 하향 조정되었고, 1984년 전두환 대통령의 지시로 '65세 이상 전액 면제'로 변경되었습니다. 세계적으로 유례가 드문 지원이었습니다. 당시 대한노인회 회장이 대통령의 장인이었으니 그 영향을 받았을 것으로 짐작되기도 합니다.

1980년대 초 전체 인구에서 노인이 차지하는 비율은 4% 정도였지만, 지금은 17%를 넘어섰습니다. 그간 평균 수명도 20년 정도 늘어났습니다. 지하철공사의 적자도 해마다 늘어나고 있는 형편입니다.

저는 총리로 취임한 초기에 기자들과의 오찬 자리에서 노인들의 지하철 무임승차를 예를 들어 장차 복지제도가 나아갈 방향을 언급했습니다. "필요한 사람에게 필요한 만큼" 지원해야 한다는, 즉 국민 개개인의 형편에 따라 상대적으로 여유 있는 계층에 대한 지원을 줄여 이를 여유 없는 계층을 위해 사용해야 한다는 '선별적 복지'를 강조했습니다.

그렇다고 건강보험이나 실업보험과 같이 제도의 취지상 경제적 여유 유무와 관계없이 일률적으로 적용해야 하거나, 시대 상황이나 국가 재정 형편의 변화에 따라 모든 국민에게 똑같이 지원해도 무방할 경우에 행하는, 이른바 '보편적 복지'의 필요성이나 가치를 무시한 것은 아니었습니다. 또한 노인들의 지하철 무임승차를 당장 폐지하자는 취지도 아니었습니다.

그러나 저의 거룩한(?) 뜻은 오간 데 없이 노인단체와 야당으로부터 십자포화 공격을 받았습니다. 본래의 뜻을 밝히고 오해와 혼란을 드린 것을 사과하여 사태는 바로 진정되었으나, 복지에 대한 저의 생각은 변함이 없었습니다. 기회 있을 때마다 복지가 포퓰리즘의 정치와 뒤섞이면, 남유럽이나 남미의 일부 국가에서처럼 재앙이 될 것을 강조했습니다.

재정이 뒷받침되지 않은 무분별한 복지 포퓰리즘은 국가

부채를 증대시켜 국가의 재정 건전성을 훼손시킵니다. 국가 부채비율의 증가는 국가신용등급에 부정적 영향을 주어 국채 금리를 상승시키고 해외 차입에 차질을 빚습니다. 그리되면 원화 가치는 떨어지고 외국 자본이 떠나면서 금융시장은 불안정해집니다. 우리나라는 해외 의존도가 높고, 원화는 달러나 유로화, 엔화와 달리 안전자산이 아니기에 더욱 그러합니다.

복지 증대와 그에 따른 재정이 필요하다면 차라리 증세增稅를 하는 것이 낫습니다. 빚을 내어 복지를 확대하는 것은 "자손들 명의의 신용카드를 부모나 조부모가 멋대로 사용하는 것"과 마찬가지입니다. 이 비유는 2010년 노다 요시히코 일본 총리가 한 말인데, 저는 이를 곧잘 인용했습니다. 상속인인 개인은 상속을 포기하면 피상속인의 채무를 상속하지 아니하며, 한정승인限定承認을 하면 상속받은 재산 범위 내에서만 채무를 상속하지만, 국가 채무는 다음 세대가 꼼짝없이 떠안을 수밖에 없기 때문입니다.

그러면 노인들의 지하철 무임승차 문제는 어떻게 풀어야 할까요? 장난삼아 챗GPT에게 이 문제를 물었더니, 노인들의 지하철 무임승차 문제는 '지하철공사의 영업적자와 노인복지 증진 사이에서 적절한 균형점을 찾는 것이 필요하다'라는 공자 말씀으로 회피성 답변을 했습니다. 큰 틀에서 보면 선별적 복지의 편에 선 것으로 보입니다만.

물론 국가나 지방자치단체의 재정이 충분하면 보편적 복지의 대상으로 삼아도 무방하지만, 우리 형편은 이에 이르지 못했고 오히려 현행 정책이 서울특별시 등 재정에 큰 부담으로 작용하고 있습니다.

그래서 소득 수준과 나이 등을 고려하여 무임승차 비율을 줄이거나 할인해 주는 등 정책을 재설계할 수밖에 없을 것입니다. 그 전이라도 자진하여 요금을 내고 타시는 분들이 많아졌으면 좋겠습니다. 후세대를 위하여.

2023. 3. 11.

모든 직업은 신성하다

3월 2일 현대자동차가 생산·기술직 공개채용을 시작하자 수만 명의 지원자가 몰려 채용 포털사이트가 일시 마비되었다고 합니다. 이처럼 지원이 폭주한 이유는 명망 있는 대기업이 제공하는 파격적인 고용조건 때문입니다. 상대적으로 높은 급여, 확실한 60세 정년 보장과 다양한 복지 혜택 등입니다.

저는 이 소식이 반가웠습니다. 물론 현재 우리 사회에선 보기 힘든 경우이긴 하지만, 육체노동을 천시하는 경향이 있는 우리 사회의 풍조가 바뀌고 있음을 보여 주고 있기 때문입니다. 즉, 젊은 세대의 직업관이 기성세대와는 달리 스트레스를 받으며 경쟁하여 승진·출세하는 것보다는 자기에게 맡겨진 일만 충실히 하면서 일과 삶의 조화를 통해 더 행복하게 살아가겠다는 생각으로 바뀌어 가고 있습니다. 이런 현상은 이미 대졸 이상 학력자도 많이 지원하는 지자체의 환경미화원 채용이나 그 밖의 많은 경우에서 나타나고 있습니다.

　1970년대 말 독일에서 공부할 때 가장 부러웠던 것이 그들의 직업관이었습니다. 그들은 육체노동과 정신노동을 차별하지 않고, 각자의 적성에 따라 주어진 일을 충실히 하며 이에 만족했습니다. 그래서 무상이나 다름없는 대학의 진학률도 50% 미만이고, 직업학교 진학을 권하는 선생님의 지도에 이의 없이 따라 해당 분야의 전문 기술자로 성장하여 자긍심自矜心을 갖고 살아갑니다. 전기기술자인 아버지가 성적이 우수해서 치과대학에 진학하고자 하는 아들에게 "평생 실내에서 환자들의 입안을 들여다보고 사는 것보다 아버지처럼 자연 속에서 전신주에 올라 일을 하는 것이 낫지 않겠느냐? 잘 생각해 보아라" 하고 조언했다는 이야기도 들었습니다. 사농공상士農工商의 관념이 지배했던 우리와는 다른 모습입니다.

　이는 독일 등 서구 유럽을 지배한 기독교(개신교) 윤리관과 관련이 있습니다. 종교개혁자 칼빈은 예정설豫定說, 즉 하나님은 구원할 자와 구원하지 않을 자를 예정해 놓았다고 주장했습니다. 이에 관해 많은 신학적 논쟁이 있었으나 그 영향력은 컸습니다. 예정설에 따르면 신자는 자신이 구원

예정된 자인지 알 수 없어 불안할 수밖에 없습니다. 그래서 거꾸로 하나님의 구원을 받은 자로서 합당한 삶을 살아가는 모습을 보임으로써 자기가 구원을 받았음을 확신하거나 입증하고자 하였습니다. 즉, 구원을 받은 자라면 자기가 지금 하는 일을 하나님이 맡긴 사명으로 알고 충실하게 하며 이웃을 사랑하는 생활을 할 것이고, 이것이 바로 구원받은 증거라고 생각했습니다. 그래서 그들에겐 직업에 귀천貴賤이 없고, 자기가 하는 일을 열심히 하여 부富를 창출하고 이를 통해 이웃과 사회에 기여하는 것을 기독교적 윤리이자 나아가 자본주의의 토대이며 사회 발전의 원동력이라고 보았습니다.

그런 뜻에서 이명박 정부에서 시작한 '마이스터 고등학교'는 의미 있는 정책이었습니다. 무조건 대학에 진학하기보다는 기술을 익혀 먼저 취업하고 필요에 따라 나중에 대학에 진학하거나 평생교육기관 등을 이용하여 지식과 기술을 보충해 가도록 하는 정책입니다. 학교와 기업을 교육과정에서 연계하여 기업에서 즉시 활용할 수 있는 인재를 양성하고 이들의 취업을 보장했기에 우수한 학생들이 많이 몰리기도 했습니다.

저는 당시 감사원장이었지만 그 정책에 감동하여 감사원장으로서는 드물게 수원에 있는 마이스터 고등학교를 방문해 학생들과 선생님을 격려했습니다. '마이스터meister'는 독일어로 장인匠人을 뜻합니다. 메르켈 총리가 한국을 방문했을 때 독일의 영향을 받은 우리 마이스터 고등학교를 소개하며 메르켈 총리의 기분을 좋게 해 드렸습니다.

아무튼 육체노동과 정신노동을 구분하거나 차별하지 않고 실용적으로 생각하는 사회 분위기가 계속되면 과도한 대학 진학률과 과당 경쟁은 감소하고, 사교육 비용도 줄어드는 등 우리 사회가 안고 있는 많은 문제가 해결될 것입니다. 이를 위하여 근로조건 개선과 생산성 향상 등을 포함한 합리적 노사관계의 정립 등 노동개혁이 함께 이루어져야 함은 물론입니다.

2023. 3. 18.

안중근 의사 순국일에 사형제를 생각하다

판사 시절을 돌아보면 가장 힘들었던 일 가운데 하나가 사형死刑에 처할 정도로 중대한 사건을 재판하는 것이었습니다. 개인적으로는 사형 선고는 한사코 피하고 싶지만, 재판은 법관 개개인이 가지는 주관적 기준이 아니라 사회 공동체가 공감하는 객관적 기준에 따라 해야 하기 때문입니다. 이것이 헌법이 법률과 함께 재판의 준거로 제시하는 양심良心의 의미입니다. 그렇지 않으면 재판은 어느 판사를 만나느냐에 따라 결론이 달라지고, 재판은 '운수 보기'가 되어 법원에 대한 국민의 신뢰는 떨어질 것입니다.

저는 가능한 한도 내에서 사형 선고를 피했기에 나중에 검찰총장이 되었던 공판 관여 검사로부터 "부장님 재판부 법전法典에는 사형 규정이 빠져 있는 것 같습니다"라는 우스개 섞인 불평도 들었습니다. 부득이 사형 선고를 하는 경우에도 상급심에서 피고인에게 유리한 다른 증거나 양형 요소가 드러나 제 판결이 뒤집히기를 바라기도 했습니다. 아마 모든 법관이 비슷한 심정이었을 것입니다.

우리나라는 현재 법적으로 사형제도가 존재하고 60여 명의 사형 확정자가 있지만, 1997년 12월 이후 사형 집행이 없어 국제 기준상 사형 폐지국으로 분류됩니다. 그러나 아직도 형법 등에 사형이 규정되어 있고 가끔 사형 판결이 선고되는 모순적 상황이 계속되고 있습니다. 또 지금이라도 사형 집행이 가능하기에 사형 확정자들은 항상 불안해하며 윤석열 대통령이 검사 출신이므로 더욱 불안해한다는 얘기를 들었습니다만, 누군가 지어낸 이야기로 저는 그럴 리는 없을 것이라고 생각합니다. 어느 대기업 총수의 후원으로 사실상 가족관계가 끊긴 사형수 모두에게 매월 일정액의 영치금이 지급되고 있다고도 들었습니다. 흉악한 범죄에 분노할 때는 분노하더라도 인간에 대한 최소한의 연민을 보내는 이런 행동은 더 나은 세상을 만드는 디딤돌입니다.

세계적으로 사형 폐지국이 사형 유지국의 두 배에 이릅니다. 미국, 일본 등 일부 선진국도 사형 유지국에 속하지만 사형 폐지국이 문명국가로 평가되는 것도 사실입니다. 특히 유럽 국가들에서 그러합니다. 사형 폐지가 유럽연합 회원국의 자격요건입니다. 인류 보편적 가치의 하나로 중요한 요소가 인권이고 그 가운데 하나가 생명권입니다. 인류 역사가 발전했다는 하나의 증거가 바로 사형제도 폐지입니다.

G20 회의 참석차 한국을 방문한 앙겔라 메르켈 독일 총리가 저의 집무실로 찾아와 건넨 첫 질문도 한국의 사형제도 현황이었습니다. 우리나라는 법제상으로는 지금도 사형이 존재하지만 사실상 사형이 집행되지 않고 있어 사형 폐지국이라는 설명을 듣고 메르켈 총리는 흡족한 표정을 지었습니다. 아마 사형이 수시로 집행되는 중국이나 일본보다 우리나라가 문명 선진국이라고 생각했을 것 같습니다. 한·EU FTA가 일본이나 중국에 앞서 체결된 것도 이런 사정과 무관하지 않습니다. 가치를 공유하는 나라가 보다 긴밀한 경제 협력국이 되는 것은 당연합니다.

사형 폐지론자는 사형은 기본권인 생명권을 본질적으로 침해하며, 범죄 예방을 통해 사회를 방위한다는 실질적 증거도 없다는 것을 이유로 듭니다. 사형 유지론자는 선량한 시민과 사회의 방위라는 더 큰 공익을 위해 사형이 불가피하며 사형제도가 그 존치에서 오는 공포로 실제 범죄를 예방하는 효과가 있다고 주장합니다.

양쪽 다 나름대로 일리가 있으나 사형제도 존치의 가장 큰 약점은 오판誤判에 의한 사형 집행의 경우 회복이 불가능하며 인류 역사가 보여 주는 바와 같이 정치적으로 악용될

206

가능성이 있다는 점입니다. 사형제도 폐지의 가장 강력한 근거입니다.

그러나 우리나라에서 사형 폐지가 국민의 공감을 얻지 못하는 것도 사실입니다. 과반의 국민이 사형제도 존치에 찬성합니다. 사형을 폐지하는 방향으로 여론이 움직이다가도 흉악한 범죄가 발생하면 여론은 다시 사형을 유지하는 쪽으로 변하고 맙니다. 감성에서 벗어난 국민의 진지한 고민과 공감대 형성이 필요한 때입니다.

내일, 3월 26일은 123년 전 뤼순 감옥에서 안중근 의사의 사형이 집행된 날입니다.

2023. 3. 25.

이승만 대통령과 아데나워 독일 총리

지난 3월 26일은 이승만 대통령 탄신 148주년을 맞는 날이었습니다. 이를 기념하는 행사에서 박민식 보훈처장은 이승만 대통령의 공과는 "공칠과삼功七過三이 아니라 공팔과이功八過二로도 부족하다"고 평가했습니다. 공감이 가는 대목입니다.

한 민족이 두 나라로 나뉜 후 북한은 세계 최빈국이 된 것에 반하여 대한민국은 세계 10위권 경제 국가가 되었습니다. 대한민국이 자유민주주의와 시장경제를 기본으로 친미·반공산주의 노선을 채택했기 때문입니다. 그 중심에 이승만 대통령이 자리 잡고 있습니다.

독일의 초대 총리 콘라트 아데나워를 공부하다 보면 자꾸 오버랩되는 분이 이승만 대통령입니다. 여러 면에서 비슷한 대목이 많기 때문입니다. 이승만 대통령은 1948년 건국된 대한민국의 초대 대통령이고, 아데나워 총리는 1949년 새롭게 출발한 독일연방공화국(서독)의 초대 총리입니다. 두 분 모두 건국의 아버지인 셈이고, 집권했을 때의 나이도 73세 고령으로 같았습니다. 그들은 풍부한 경험과 경륜을 가진 준비된 리더였으며 권력의지도 강했습니다. 이승만 대통령은 12년, 아데나워 총리는 14년이나 장기 집권했습니다.

　두 분 모두 한 민족이 분단되어 두 국가가 만들어지는 부득이한 현실을 인정하면서 현명하게 대처했습니다. 이승만 대통령은 한반도의 공산화를 막기 위하여 남한만의 단독정부 성립이 불가피하다고 보고 유엔 감시 아래 전 국민이 참여하는 민주 선거를 통하여 정통 정부를 구성했습니다. 아데나워 총리도 전승 연합국의 방침에 따라 독일의 분단을 감내할 수밖에 없었으나, 장차 통일을 염두에 두고 헌법을 헌법Verfassung이 아닌 임시적인 기본법Grundgesetz으로 제정하고 총선거로 정부를 구성했습니다.

　두 분 모두 전 국민의 선거로 구성된 국가가 아닌 만큼 북한과 동독을 공산권 괴뢰 정부로 보고 정상 국가로 인정하지 않았습니다.

　기본 정책 노선에 대해서도, 이승만 대통령은 자유민주주의와 시장경제를 기본으로 하면서도 농지 개혁 등을 통해 사회적 약자를 배려했습니다. 아데나워 총리도 자유민주주의와 시장경제를 기본으로 하면서 사회보장과 사회적 연대를 위한 최소한의 국가 개입과 조정을 허용하는 사회적 시장경제를 채택했습니다.

두 분 모두 외교에서 큰 역량을 보여 준 외교의 신神이었습니다. 이승만 대통령은 통일을 명분으로 내세워 미국의 6·25전쟁 휴전 협상에 반대하며 이를 지렛대로 미국과 한·미 상호방위조약을 체결하고 경제 원조를 획득했습니다. 아데나워 총리도 친미 노선으로 미국의 '마셜 플랜'에 의한 경제 원조를 잘 활용하며 독일을 하루빨리 정상국가로 되돌리기 위한 노력을 다했습니다. 독일에 가해진 중공업 공장 시설 해체 및 선박 건조 제한 등 페널티를 중단 및 철폐하고, 마침내 1954년 체결된 파리조약으로 외교권과 국방권까지 완전히 회복했습니다.

두 분에게는 각기 친일파와 나치 정권 부역자 처리를 둘러싼 고민스러운 과제가 남아 있었습니다. 이승만 대통령은 시급한 국가 발전을 위해 중한 책임이 있는 자를 제외하고 관용했습니다. 아데나워 총리도 이승만 대통령과 같은 입장에서 처리했습니다.

두 분은 집권 말기 저지른 실수도 비슷합니다. 이승만 대통령은 장기 집권과 후계자에 관련한 선거 부정으로 민심 이반을 겪으며 결국 4·19 혁명으로 대통령직에서 물러났습니다. 아데나워 총리는 후임 총리로 순리에 따라 떠오른 에르하르트 경제장관을 외교적 역량 부족을 이유로 무리하게 견제하며 계속하여 집권하려 했습니다. 결국 연정 파트너인 자민당의 압박에 의해 퇴진할 수밖에 없었습니다.

　이처럼 두 분 모두 신생국가의 발전에 큰 공을 세웠으나 말기에는 과過도 있었습니다. 우리나라에서 이승만 대통령에 대한 평가는 극단으로 나뉘어 있습니다. 그러나 독일에서 아데나워 총리는 역사상 가장 존경하는 독일인으로 추앙받고 있습니다. 이 점이 한국과 독일의 큰 차이입니다.

2023. 4. 1.

6411번 버스,
그리고 146번 버스를 아십니까?

가난이나 병고에 시달린 세 모녀가 주위의 도움을 받지 못하고 극단적 선택을 합니다. 아파트 경비원이 관리소장이나 주민들의 갑질에 시달려 극단적 선택을 합니다. 아이들이 계모 등에게 학대를 받고 세상을 뜹니다.

　우리가 요즈음 흔히 접하는 안타까운 소식들입니다. 사람 사는 세상이 이런 일이 없을 수 없다고 하더라도, 너무 많습니다. 우리 사회 공동체가 흔들리고 있다고 한다면 과장일까요?

　지난달 급한 돈이 필요한 취약계층에게 최대 100만 원까지 당일 대출해 주는 소액생계비(긴급생계비) 대출 제도가 시작되었습니다. 대출 신청자가 폭발적으로 몰렸다고 합니다. 당장 100만 원을 구하기 어려운 저소득·저신용자가 그만큼 많은 현실을 보여 줍니다. 소액생계비 대출 제도는 취약계층을 배려하는 정부와 금융당국이 펼치는 정책의 하나입니다. 정부뿐 아니라 정치권 등 사회 각계가 나서야 합니다. 말로는 서민 보호 운운하지만 결국은 정파의 이익과 자기 보호를 위하여 궤변詭辯과 감언이설甘言利說로 국민을 현혹하는 정치인이 많습니다. 중요한 것은 어려운 사람들을 진정으로 배려하는 마음입니다. 그런 점에서 보면 고故 노회찬 의원이 2012년 했던 짧은 연설은 우리에게 감동을 줍니다. 그 감동을 온전히 전달하기 위해 좀 길게 인용합니다.

6411번 버스라고 있습니다. 서울 구로구 가로수 공원에서 출발해서 강남을 거쳐 개포동 주공 2단지까지 대략 2시간 정도 걸리는 노선버스입니다. 새벽 4시에 출발하는 그 버스와 4시 5분경에 출발하는 두 번째 버스는 출발한 지 15분 만에 신도림과 구로시장을 거칠 때쯤이면 좌석은 만석이 되고 버스 안 복도 길까지 사람들이 한 명 한 명 바닥에 다 앉는 진풍경이 매일 벌어집니다.

새로운 사람이 타는 일은 거의 없습니다. 매일 같은 사람이 탑니다. 그래서 시내버스인데도 마치 고정석이 있는 것처럼 어느 정류소에서 누가 타고 강남 어느 정류소에서 누가 내리는지 거의 다 알고 있는 매우 특이한 버스입니다.

이 버스 타시는 분들은 새벽 3시에 일어나서 새벽 5시 반이면 직장인 강남의 빌딩에 출근해야 하는 분들입니다. … 그 누구도 새벽 4시와 4시 5분에 출발하는 6411번 버스가 출발점부터 거의 만석이 되어 강남의 여러 정류장에서 50, 60대 아주머니들을 다 내려 준 후에 종점으로 향하는지를 아는 사람은 거의 없습니다.

이분들이 아침에 출근하는 직장도 마찬가지입니다. 아들, 딸과 같은 수많은 직장인이 그 빌딩을 드나들지만 그 빌딩에 새벽 5시 반에 출근하는 아주머니들에 의해서 청소되고 정비되는 것을 의식하는 사람들은 거의 없습니다.

이분들은 태어날 때부터 이름이 있었지만 그 이름으로 불리지 않습니다. 그냥 '아주머니'입니다. 그냥 청소하는 미화원일 뿐입니다. 한 달에 85만 원 받는 이분들이야말로 투명인간입니다. 존재하되 그 존재를 우리가 느끼지 못하고 함께 살아가는 분들입니다. … 이분들이 그 어려움 속에서 우리 같은 사람들을 찾을 때 우리는 어디 있었습니까. 그들 눈앞에 있었습니까? 그들의 손이 닿는 곳에 있었습니까? 그들의 목소리가 들리는 곳에 과연 있었습니까? … 정치한다고 목소리 높여 외치지만 이분들이 필요로 할 때 이분들이 손에 닿는 거리에 우리는 없었습니다.

노회찬 의원의 이 연설을 보수냐 진보냐 하는 관점에서 재단하는 것은 어리석은 일입니다. 따뜻한 보수이자 엉터리가 아닌 진정한 진보의 모습일 뿐입니다. 제가 갖고자 했던 '중도저파中道低派'의 마음입니다.

올해 초 서울 노원구 상계동을 출발해 강남구 신논현역까지 가는 146번 버스가 첫차 출발 시각을 15분 앞당겨 새벽 3시 50분에 출발하게 되었습니다. 그 버스도 6411번 버스처럼 강남 일대에서 일하는 분들이 많이 타는 새벽 만원 버스입니다. 1월 2일 새해 첫 출근 날 그 버스에 탑승한 한덕수 국무총리가 승객들한테 받은 건의를 반영한 결과입니다. 그분들에게 새벽 15분은 금쪽같은 시간이었습니다.

아무튼, 이 세상에 투명인간이 존재하지 않았으면 좋겠습니다.

2023. 4. 8.

비극으로 시작해
해피엔딩으로 나아가는 드라마

40여 년의 공직 생활을 마치고 은퇴하니 서운하기도 하지만 좋은 일도 많습니다. 지금까지 한 공부는 공직 생활에 필요한 것 위주였다면 이후로는 그런 굴레를 벗어나 제가 좋아하는 것 중심이니 좋습니다. 지금까지는 좋은 책을 읽으며 행복감을 느꼈지만 이제 책을 쓰면서 또 다른 행복감을 느낄 수 있어 좋습니다. 좋아서 하는 공부가 자연스레 책 쓰기로 연결되니 더욱 좋습니다.

코로나19로 칩거가 강요되는 시간을 활용하여 2022년과 2023년 독일 정치와 독일 총리들의 리더십에 관한 책 1, 2권을 차례로 썼습니다. 지인들이 대단하다고 칭찬하지만, 제가 좋아서 즐기며 한 일이니 칭찬받을 일은 아니어도 보람을 느낍니다. 그래서 조금 행복합니다.

독일에 관한 책을 쓴 것은 우리나라의 지속적 발전을 바라는 공직 은퇴자로서의 바람 때문이었습니다. 독일은 제 2 차 세계대전을 일으키고 나치 정권하에서 600만 명 유대인을 학살하는 등의 만행으로 인류 역사에 씻을 수 없는 잘못을 저질렀습니다. 그 결과로 국가는 패망하고 국토는 분단되고 국민은 도탄에 빠지는 등 참혹한 역사적 비극을 경험했습니다. 이처럼 철저히 패망한 독일이 짧은 기간에 경제적으로 부흥하고 통일까지 이루어, 지금은 평화와 번영을 구가하며 유럽연합의 중심국가로서 국제정치에서 중요한 역할을 하는 모범국가가 되었습니다. 역사의 아이러니이자 엄청난 반전反轉입니다.

독일은 통절히 반성하며 다시는 그런 잘못을 되풀이하지 않겠다고 다짐했고, 온 국민이 단합하여 국가를 일으켜 세웠습니다. 독일은 성경의 누가복음 15장에 나오는 '돌아온 탕자'와 같았습니다.

그러한 의미에서 제 2차 세계대전 이후 독일 현대사는 희망의 등대를 향하여 나아가는 감동의 역사였습니다. 비극으로 시작하여 해피엔딩으로 막을 내리는 드라마와도 같았습니다. 어떻게 이것이 가능하였을까 탐구하는 공부를 시작했다가 느낀 것들을 많은 사람과 공유하고 싶어 감히 책 쓰기에 나섰습니다. 독일의 그와 같은 변화의 중심에는 정치제도와 이를 운영하는 정치인, 특히 총리들의 리더십이 있었습니다. 근자에 이르러 우리나라의 정치가 갈수록 혼탁해져서 국민의 걱정은 커져 가고 있습니다. 이대로는 안 되겠다는 목소리도 작지 않습니다. "그렇다면 어떻게 할 것인가?" 이 물음에 대한 답을 독일에서 찾고자 했습니다.

그 이전 2021년에도 《소통, 공감 그리고 연대: 총리실 880일의 기록》이라는 제목의 책을 썼습니다. 서울대 행정대학원 김순은 교수의 요청에 따라 썼던 강의 원고, 퇴직할 때 총리실에서 만들어 준 언론 자료집과 총리 재직 중 페이스북에 올린 글들을 바탕으로 하여 생각을 더듬고 보태어 지나간 일을 가볍게 회고하는 방식으로 큰 노력을 들이지 않고 쓴 책입니다.

직책을 수행하면서 어디에 중점을 두고 어떻게 할 것인지에 대한 저만의 고민과 방법을 후배 공직자나 행정학자들은 물론 국민에게도 전하고 싶었습니다. 온 국민이 서로 소통하여 공감대를 형성하고 그 바탕 위에서 사회적 연대를 이룰 때 우리나라는 지속적으로 발전할 수 있다는 생각에서 제목을 그렇게 붙였습니다.

2022년에는 독일 베를린 소재 LIT출판사에서 *Ich gehe jetzt in die Bibliothek namens Deutschland*나는 지금 독일이라는 이름의 도서관에 간다라는 제목의 책을 발간했습니다. 이 책은 전 주한 독일 대사 등 저의 독일 지인들이 제가 쓴 독일 관련 글이나 독일에서의 강연 원고를 모아 독일어로 출간한 책입니다. 우연히 제가 쓴 글 몇 편을 번역하여 읽어 보더니, 독일을 이해하는 전 한국 총리의 시각에서 바라보는 독일 이야기가 흥미롭고 유익하다며 번역 출간을 제안했습니다. 한스 울리히 자이트 Hans Ulrich Seidt 전 대사는 독일 외교관이라면 꼭 읽어야 할 필독서라고 강조하기도 했습니다.

저는 원고 초벌 번역만을 해서 독일로 보냈을 뿐 원고를 가다듬고 출판사를 정하는 문제 등은 독일 지인들이 알아서 처리한 뒤 책을 독일 각계에 배포했습니다. 책 제목도 그들이 정했는데, 제가 2013년 독일로 공부하러 떠나며 페이스북에 쓴 글에서 따왔습니다.

아무튼 코로나19로 힘든 시기를 나름대로 유용하게 보낸 것은 보람이자 행운이었습니다.

2023. 4. 15.

봄비

이 비 그치면
내 마음 강나루 긴 언덕에
서러운 풀빛이 짙어 오것다.

푸르른 보리밭 길
맑은 하늘에
종달새만 무어라고 지껄이것다.

이 비 그치면
시새워 벙글어질 고운 꽃밭 속
처녀애들 짝하여 새로이 서고

임 앞에 타오르는
향연香煙과 같이

땅에선 또 아지랑이 타오르것다.

이수복 시인의 시 〈봄비〉입니다. 만물이 죽은 듯한 겨울을 보내고 새 생명의 봄을 맞는 어름에 봄비가 내립니다. 봄비는 봄을 재촉하는 전령사입니다. 그 봄비를 보며 곧 펼쳐질 자연의 향연饗宴을 설레는 마음으로 기다립니다. 봄비는 생명이자 희망입니다.

나직하고 그윽하게 부르는 소리 있어
나아가 보니 아, 나아가 보니
이제는 젖빛 구름도 꽃의 입김도 자취 없고
다만 비둘기 발목만 붉히는 은실 같은 봄비만이
소리도 없이 근심같이 내리누나!
아, 안 올 사람 기다리는 나의 마음!

변영로 시인의 시 〈봄비〉의 마지막 연聯입니다. 봄비는 소리 없이 내리지만, 봄비에 마음은 흔들립니다. 사람을 그리워합니다. 오지 않을 사람을 기다리기도 합니다. 그러나 마음은 들뜨지 않고 차분합니다. 봄비는 그리움이자 기다림입니다.

신중현 씨가 작곡한 〈봄비〉에서는 두 눈 위로 빗방울을 떨구며 "나를 울려 주는" 이슬비가 나옵니다. 한국 대중음악의 고전이 된 명곡입니다. 가사도 여느 시에 못지않습니다. 사람마다 슬프고 외로운 사연이 있습니다. 봄비 속을 걸어가며 그 사연을 추억하며 마음을 달랩니다. 봄비는 슬프지만 간직하고픈 옛 추억입니다.

봄비는 보통 이슬비로 내립니다. 이슬비는 조용히 가늘게 내리는 비입니다. 때로는 이슬비보다 굵고 보통의 비보다는 가늘게 내리는 가랑비로도 내립니다. 어릴 적 집에 놀러 온 이웃집 아주머니가 돌아가려 했을 때 어머니께서 더 머물다 가라며 "더 있으라고 이슬비 오네"라고 말하자, 아주머니는 "가라고 가랑비 오네요"라고 웃으며 대꾸하던 정겨운 장면이 어제 일처럼 떠오릅니다. 봄비는 정다움입니다.

'이슬비 총리'는 총리 때 저의 별명이었습니다. 얼마 전에는 어느 일본인 교수가 저에게 "하루사메春雨, はるさめ 총리"라고 부르며 인사했습니다. 직역하면 '봄비 총리'입니다. 인터넷에서 제 별명을 보았답니다. 이슬비와 봄비를 같은 뜻으로 사용하기도 하는 모양입니다.

'이슬비 총리'라는 별명은 취임 100일을 맞아 행한 〈연합뉴스〉 최이락 기자와의 인터뷰를 계기로 붙은 것입니다. 최기자는 저에 대하여 과거 경력에 비추어 존재감이나 색깔이 없는 총리라는 지적이 있다고 하면서 어떤 총리로 남고 싶은지 물었습니다. 조금은 서운했지만 옳은 지적이었습니다. 그래서 이렇게 답했습니다.

"존재감이나 색깔이 없는 것이 맞습니다. 그러나 존재감이나 색깔이 없는 것이 나의 존재감이자 색깔입니다. 존재감이나 색깔을 만들려면 정치적 발언을 하고, 거칠게 싸움도 하고, 국민에게 근사한 말을 하면 얼마든지 가능합니다. 그러나 나는 이슬비 같은 총리가 되겠습니다. 이슬비는 조용히 내리지만 땅속으로 스며들어 대지를 촉촉이 적시고 싹을 틔워 꽃을 피우고 마침내는 열매를 맺게 합니다. 소나기는 시원스럽게 내리지만 때로는 모든 것을 쓸어버립니다. 조용히 내리는 이슬비가 열매를 맺게 하듯이 나의 작은 노력이 모여 국민의 이익으로 돌아간다면 그것으로 만족할 것입니다."

봄비는 조용히 내실內實을 다지고 싶은 저의 마음입니다.

얼마 전 내린 봄비가 남부 지방에 계속되는 가뭄 해소와 산불 예방 및 진화에 큰 도움을 주었습니다. 우선 살아가는 걱정이 앞서기에 예전같이 봄비나 이슬비를 두고 시적이고 낭만적인 생각에 잠길 여유가 없어진 것 같아 허허롭기도 합니다. 그렇지만 봄비는 한없는 고마움입니다.

2023. 4. 22.

어린이 손님들과 즐거운 한때

우리 사회가 안고 있는 많은 문제를 해결하고 통합을 이룰 수 있는 수단이 소통입니다. 그러나 지금 다양한 언론 매체에 더하여 SNS 등 소통 수단이 넘치지만, 사회는 서로 연결되지 않는 섬처럼 떨어져 있습니다. 소통은 끼리끼리에 그치고 때론 편 가르기 수단이 되었습니다. 만남과 토론이 이루어져도 각자 애당초의 주장을 끝까지 고집할 뿐 주장을 바꾸거나 타협하는 것을 보기 힘듭니다.

소통의 기본은 듣는 것, 곧 경청敬聽입니다. 경청은 상대방에 대한 배려이자 존중으로 우선 인간관계를 좋게 만듭니다. 또한, 뻔한 얘기일지라도 듣다 보면 미처 생각하지 못했던 것을 깨닫기도 합니다.

총리로 재직할 당시 소통을 위하여 많은 사람을 공관으로 초청해 만났습니다. 그들 가운데 삼청동 공관 주변에 살던 교동초등학교 4학년생 4명이 포함되어 있습니다. 삼청동 퇴근길이 차들로 막히면 옆으로 난 작은 골목길을 이용해 퇴근할 때 가끔 만났던 아이들입니다. 해 질 녘 그 골목길에서 놀고 있던 아이들이 지나가는 제 차를 피하여 서며 큰 소리로 합창하듯 "안녕하세요?"라고 인사했습니다.

예전에는 골목은 아이들의 놀이터였습니다. 골목에서 구슬치기, 공놀이 등을 하며 와자지껄 떠들며 놀다가 저녁밥 때가 되면 헤어져 집으로 돌아갔습니다. 요즈음에는 그런 모습은 보이지 않습니다. 아이들은 학교를 마친 후 학원에 가거나 집에 틀어박혀 각자 자기 일을 하기 때문입니다. 그 아이들이 노는 골목 풍경은 지금은 낯선 모습입니다. 옛 생각이 났습니다. 그리고 우렁차게 인사하는 모습이 정다웠습니다.

그 아이들을 토요일 점심에 공관으로 초청하기로 했습니다. 많은 사람을 만나 국정에 참고가 될 만한 이야기를 듣는데 이들의 생각도 들어보고 싶은 생각이 들었습니다. 공관 초대 인사 중에서는 최연소자였고, 연회장이 아닌 안방으로 초대해 아내가 요리하여 대접한 유일한 그룹이었습니다.

그들을 기다리는 오전은 괜스레 마음이 설레기까지 했습니다. 아이들은 빈손이 아니라 빼빼로 과자 등을 선물로 들고 왔습니다. 저희들이 거의 다 먹기는 했지만요.

아이들과 학교생활 이모저모, 취미, 장래 희망과 꿈, 애로사항 등 다양한 이야기를 나누었습니다. 장래 유엔 사무총장이 되고 싶고 피아니스트도 되고 싶다는 꿈이 많은 A군, 거실에 있는 피아노를 쳐 보라 했더니 스스럼없이 한 곡을 멋들어지게 연주했습니다. B군은 아직은 목표를 정하지 않았다면서, 지금은 요요를 취미 삼아 하고 있고 이 분야에서 세계적 달인이 되고 싶다며 그동안 갈고닦은 실력을 뽐내며 보여 주었습니다. C군은 어머니가 외국인인 다문화가정 아이임을 밝히며 장래 축구선수가, D군은 의사가 되고 싶다고 했습니다. 다문화가정 아이인 C군을 조심스레 살펴보았으나 활달하고 구김살이 없었습니다.

아이들은 당시 인기 TV프로 〈개그콘서트〉의 한 코너인 '멘붕스쿨' 한 장면을 시연해 보이기도 했습니다. 사전에 저희 내외를 어떻게 즐겁게 해줄지 준비했던 것 같습니다. 생각보다 어른스러웠습니다.

학교생활의 어려움을 조심스럽게 물어보았으나 어려움이 없다고 말하면서, 다만 한 가지 애로는 여자아이들이 가끔 때려 그것이 힘들다고 하소연했습니다. 뜻밖의 하소연이었습니다. 웃음이 나왔지만 이렇게 세상이 변했나 하고 생각하면서, 폭력으로 맞대응하지 말고 좋은 말로 타이르되 그래도 안 되면 선생님께 말씀드리라고 당부했습니다.

지금 그 아이들, 대학생이거나 군 복무 중일 것 같습니다. 어떻게 자랐는지 궁금합니다. 애당초 목표와 꿈을 아직도 간직하고 정진精進하고 있는지, 아니면 생각을 바꾸거나 목표가 흔들리고 있는지 궁금합니다. 설사 그렇다 하더라도 흠이 될 일은 아닙니다. 무언가 희망을 잃지 않고 있다면.

　　그들을 만나면 시행착오는 젊음의 특권이니 어느 경우든 낙담하지 말고, 지금은 예전과는 달리 "인생도 길고, 예술도 길다"는 인생 2모작, 3모작 시대이니 조급하게 생각하지 않았으면 좋겠다고 말해 주고 싶습니다. 그 아이들이 보고 싶습니다.

2023. 4. 29.

어버이날에 쓰는 사모곡

다시 '어버이날'을 맞습니다. 1956년부터 5월 8일이 어머니 날로 지정되었으나 1973년부터 어버이날로 바뀌었습니다. 부모님을 공경하는 일에 아버지, 어머니 차별이 있어서 안 된다는 취지에서였지만 이런 일에 꼭 형평성을 따져야 하는 지, 조금은 좀스럽다는 생각도 듭니다.

'어머니날'이었던 시절, 나머지 날은 모두 아버지날이라 고 웃으며 넘겼습니다. 또 어머니날이라 하여 어머니만을 생각하는 자식도 없을 것입니다. "세상의 모든 곳에 신神이 존재할 수 없기에 신은 대신 어머니를 만들어 보냈다"는 유 대 금언처럼 어머니는 세상 관념으로 생각할 존재가 아닙 니다.

오래전 헤어진 어머니를 생각합니다. 자식 사랑이야 세상

여느 어머니나 마찬가지겠지만 어머니는 저에게 위대한 스승이었습니다. 생활에서 언뜻언뜻 보여 준 처신이나 말씀이 그러했습니다. 그 가운데 한 대목입니다.

어릴 적 마루에서 놀고 있노라니 거지가 구걸하러 대문간을 들어섭니다. 저는 어머니가 계시는 안쪽을 향하여 "어머니, 거지 왔어요!"라고 소리쳤습니다. 어머니는 쌀 한 움큼을 그릇에 담아 거지에게 건네시고, 거지가 돌아가자 저에게 "우리 집에 오는 사람은 다 손님이다. 이제부터 '거지'라는 말을 쓰지 말고 '손님 오셨다!'고 해라"라고 하셨습니다.

또한 우리 집에는 시골 고향에서 손님들이 많이 찾아왔습니다. 때로는 번잡스러워 불평이라도 하면 "우리가 살 만하니 손님도 찾아오는 것이다. 잘살지 못하면 오라고 해도 오지 않는다. 복福으로 알아라"라고 말씀하셨습니다. 나중에 "손님이 오지 않는 집에는 천사도 찾아오지 않는다"라는 사우디아라비아의 속담을 들었을 때 어머니 말씀이 떠올랐습니다.

어릴 적이었지만 어머니의 그런 말씀은 제 마음에 충격으로 다가왔습니다. 어떤 책이나 강의에서도 이보다 더 강렬한 인간존중 교육을 받은 적이 없습니다. 이것은 제 생활에 영향을 주었고, 특히 법관 생활에 큰 영향을 주었습니다. 우선 법정에서 피고인을 인격적으로 대하려고 노력했습니다. 피고인에게 화내지 않았습니다. 어린 피고인이 아닌 한 존

댓말을 썼습니다.

나중에는 판결 선고 방식까지 바꾸었습니다. 판결을 선고할 때, 경어를 쓰며 점잖게 이유 등을 설명하다가 마지막 결론인 주문을 말할 때 통상의 예에 따라 "피고인을 징역 3년에 처한다"라는 방식으로 낭독하면 어쩐지 흐름이 고압적인 쪽으로 바뀌어 버린 것 같아 못마땅했습니다. 그래서 저는 판결문에는 주문으로 "피고인에 대한 형을 징역 3년으로 정한다"로 바꾸어 쓰고, 법정에서의 낭독은 "피고인에 대한 형을 징역 3년으로 정합니다"로 했습니다. '처한다'는 형법 규정에 충실한 표현이지만 너무 권위적인 느낌이 들었기 때문입니다.

어머니께 들었던 말씀 중 하나가 "웬만하면 양보하고, 손해 보고 살아라"입니다. 쉽지 않은 일이지만 그 말씀을 가끔 떠올리며 그렇게 살려고 노력했습니다. 젊은 판사 시절, 같이 근무하던 판사가 중간에 퇴직하는 바람에 그 재판부의 재판이 중단된 적이 있습니다. 원장님께서 판사 몇 사람을 순차대로 불러 판사가 보충될 때까지 그 사건을 맡아 처리해 주기를 부탁했습니다. 자기 사건 재판만도 부담이 되는데 남의 사건까지 맡아 처리하는 것은 쉬운 일이 아니었습니다. 이른바 손해를 보는 일이었습니다. 모두 난색을 표했습니다. 순서가 제게로 돌아왔습니다. 저는 원장님의 부탁을 받아들였습니다. 어머니 말씀 따라 손해 보는 셈치고서.

　고마움을 느낀 원장님이 윗분을 비롯해 많은 판사를 만날 때마다 저에 대한 칭찬을 아끼지 않는다는 소식이 들려왔습니다. 덩달아 저는 훌륭한 판사로 과대평가되었습니다. 결국은 손해가 아니라 크게 남는 장사가 되었습니다.

　어머니를 생각하면 참 멋모르고 세상을 살았다는 생각이 가끔 듭니다. 어머니에게 잘해 드려야 한다고 생각했지만 알게 모르게 어머니를 서운하게 해 드린 일이 많았을 것이기 때문입니다. 이제야 그 생각이 절실해지니 참 멋모르고 살았다고 할 수밖에요. 그래도 어머니는 서운한 생각을 안 하셨을 것 같습니다. 어머니이니까!

2023. 5. 6.

교토의 어느 택시 운전사

여행 계획이 없더라도 가끔은 신문 여행 광고에 실린 여정을 살펴보는 것만으로도 즐겁습니다. 거기에는 일상을 벗어난 다른 세상에 대한 상상과 기대가 담겨 있기 때문입니다. "지도地圖를 들여다보는 소년의 눈은 아름답다"라고 노래한 어느 시인의 생각과 같은 마음입니다.

주말에 집에서 빈둥거리다 책을 한 권 집어 들었습니다. 《왜 교토인가 2》였습니다. 교토에서 유학 생활을 했던 저자가 자신의 추억을 곁들여 교토의 이곳저곳을 소개하는 책입니다. 가볍게 부담 없이 읽을 수 있을 뿐만 아니라, 저 자신의 교토에 얽힌 추억을 되살릴 수 있어 좋았습니다.

교토는 외국 도시 가운데 제가 가장 많이 방문한 곳입니다. 대부분 대학에서 열리는 학술 행사나 이나모리재단이 주관하는 교토상 시상식에 참가하기 위한 것이었고, 횟수로만 7~8차례에 이릅니다.

여행할 때 만나는 경이롭고 아름다운 경관은 순간의 감동으로 끝나지만, 여행지와 관련한 흥미로운 역사적 이야기나 특별한 개인적인 경험은 오래 남습니다.

그러한 경우의 한 예를 교토에서 경험했고, 이는 지금도 좋은 추억으로 남아 있습니다. 어느 택시 운전사의 친절하고 멋진 응대 때문입니다. 어느 해 교토상 시상식에 참석한 뒤 귀국하기 전에 교토 근처 히에이산比叡山에 있는 엔랴쿠지延曆寺라는 절을 찾아갔습니다. 일본 역사의 중요한 현장이기 때문입니다.

전국시대였던 16세기, 군웅할거하던 무장 가운데 두각을 나타내어 천하통일을 눈앞에 두었던 오다 노부나가는 자신에 대항하는 승병 세력을 제압하기 위해 히에이산 엔랴쿠지 승방을 모두 불태워 버리고 승려 3천여 명을 살해했습니다. 노부나가는 종교적 전통이나 권위를 인정하지 않고 신불神佛에 대한 두려움이 없는 강인한 인물이었습니다.

그는 서양의 총포를 수입하고 대량생산해 전쟁에 활용하고, 병농兵農 분리 정책을 추진해 군사력을 강화하고, 사람과 물건의 자유로운 왕래와 유통을 촉진하기 위하여 관소關所(세관)와 통행세를 폐지하는 등 혁신적 정책을 취해 천하통일을 위한 기반을 만들었습니다. 그러나 교토의 혼노지本能寺

에서 부하 아케치 미쓰히데에게 공격을 받고 자살로 생을 마감했습니다.

일본의 저명한 경제 평론가 사카이야 다이치는 오다 노부나가가 좀 더 살았더라면 일본은 일찍이 중앙집권적 절대왕정국가가 되고, 개혁적 중상주의 정책으로 큰 경제 성장과 기술 진보를 이루었을 것이라고 아쉬워합니다. 그러나 저는 그보다는 노부나가가 더 살아 과대망상을 가졌던 도요토미 히데요시가 집권할 기회가 없었다면 우리 민족에 치욕과 비극을 안긴 임진왜란은 없지 않았을까 하는 생각을 해 보았습니다.

히에이산을 내려오자 산자락에 빈 택시가 기다리고 있었습니다. 마침 식사할 때라 운전사에게 장어집을 소개해 줄 수 있는지 물었습니다. 운전사는 웃으며 일본에서 제일 유명한 곳을 안내하겠다고 했습니다. 다만 그곳까지 20분 정도 걸리고 택시 요금은 3천 엔 정도 나올 것이라며, 그래도 가겠느냐고 물었습니다. 정확한 정보를 제공해 판단하도록 하고자 하는 취지로 보였습니다. 좋다고 대답하고 승차해 출발했습니다.

운전사는 우리 일행이 역사에 관심이 있는 것을 알고, 가는 도중 지역과 관련된 역사적 사건을 부지런히 소개했습니다. 그러나 택시 미터기가 3천 엔에 이르렀는데도 아직 식당에 도착하지 못했습니다. 운전사는 그 순간 미터기를 꺾어 더 이상 요금이 올라가지 않도록 했습니다. 자신이 짐작하고 말했던 것보다 많은 요금이 나오자 그렇게 한 것입니다. 500~600엔 정도의 거리를 더 가서 장어집에 도착했습니다. 식당에 도착하여 실제 요금을 지급하겠노라고 하였으나 그는 한사코 사양했습니다. 자기가 말한 것은 책임져야 한다며.

'일본 제일의 장어집'이라는 말도 우스개 삼아 한 말로 알았는데, 식당에 비치해 놓은 자료들이 메이지시대부터 내려온 전통 있는 장어집으로 명성이 높은 곳임을 알려 주었습니다.

교토를 생각하면 교토의 역사적 이야깃거리나 명승지에 앞서 먼저 그 택시 운전사가 생각나는 것이 여행이 주는 또 다른 묘미인지도 모르겠습니다.

2023. 5. 13.

별

이틀 동안 쏟아진 기록적 폭우에다 마을 곁을 흐르는 강의 둑
이 무너지면서 마을은 빠르게 물에 잠기기 시작했다. 뇌졸중
으로 쓰러져 침대에 누운 채 움직일 수 없는 노인과 그를 간병
하는 아내는 다른 사람의 도움이 없이는 피난할 방법이 없었
다. 전기와 전화는 이미 끊겼고 안타깝게도 구조하러 오는 사
람도 없었다. 방 안은 벌써 발목까지 물이 찼고 잡동사니 물건
들이 물 위로 떠다니기 시작하였다. 한 시간 남짓이면 침대도
물에 잠길 것으로 보였다.

남편은 아내에게 빨리 밖으로 나가 피할 방책을 찾거나 2
층으로라도 올라가도록 채근했으나, 아내는 남편만을 두고
혼자 피할 수 없다며 남편 곁에 남을 것을 고집했다. 남편의
언성을 높인 다급한 성화에도 아내는 "지금까지 내 뜻대로 살
지 못하고 당신에게 늘 양보하고 살아왔으니 오늘은 당신을
한번 이겨 보겠다"라고 웃기까지 하며 대꾸했다.

이어서 아내는 "내가 당신을 두고 밖으로 나가서 산다 한들 내 삶이 행복할 수 있겠어요? 여기에서 당신과 함께 가는 것이 나에게 가장 좋은 일이어요. 당신이나 나나 살 만큼 살았으니 이만하면 잘 살았어요. 누군가 먼저 세상을 떠나면 남은 사람은 힘들어할 텐데, 이렇게 함께 가는 것도 무방해요. 도회에 나가 사는 아이들도 한 번 장례로 끝내고, 관청에서도 도와줄 거고, 언론도 내가 피하지 않고 함께 떠났다며 온갖 찬사를 동원해 보도할 거고, 시민들도 괜히 미안해하며 우리의 명복을 빌어 줄 거예요" 하며 넉살스럽게 이야기를 이어 나갔다.

마치 이 사태를 예견하고 준비했다고 느껴질 정도였다. 남편은 이내 자신과 아내의 처지가 바뀐 경우에 자기 마음도 같았을 것이라는 생각에 아내가 피하도록 설득하기를 포기했다. 그리고 아내에게 어떻게 고마움과 미안함을 전달해야 할지 생각했다. 그 순간 떠오른 것이 산중 목장에서 양을 치던 목동과 주인집 딸 아름다운 아가씨의 이야기인 알퐁스 도데의 소설 《별》이었다.

어느 날 아가씨가 산중 목장에 식량을 전해주려 노새를 몰고 나타났다가 돌아가는 길이 물에 잠겨 다시 돌아와 하룻밤을 지내게 되었다. 목동과 아가씨는 모닥불 앞에 앉아 밤을 새웠고 목동은 아가씨에게 밤하늘에서 반짝이고 있는 별자리에 관한 이야기를 들려주었다. 이야기를 듣던 아가씨는 목동의 어깨에 기대어 잠이 들었고, 목동은 별 중에서 가장 아름답고 빛나는 별 하나가 길을 잃고 내려와 자신의 어깨에 기대어 잠들어 있다고 생각했다는 내용의 소설이었다.

남편은 말문을 열었다.

"당신, 알퐁스 도데의 소설 《별》을 좋아했지요. 말은 안 했지만 나도 당신을 목동이 아가씨에 대해 그랬듯 별이라고 생각했소. 이제 보니 당신은 길을 잃고 내게로 내려온 별이 아니라 나를 데리고 하늘나라로 돌아갈 양으로 내려온 별이었네."

물은 거의 침대 높이로 차올랐다. 물은 생각보다 차지 않았다. 오히려 안온하여 어머니 뱃속이 이 느낌일 것 같았다. 여러 가지 물건들이 방 곳곳에 떠돌았다. 아내는 침대 위로 올라 남편 곁에 누웠다. 그리고 둘이서 떨어지지 않도록 긴 수건으로 자신과 남편의 팔과 다리를 묶었다. 아내는 말했다.

"우리는 이제 하늘나라로 여행을 떠나는 거예요."

남편은 아내의 손을 꼭 쥐었다. 그리고 나지막이 말했다.

"그동안 고마웠어요. 내가 당신을 얼마나 사랑했는지, 당신도 알지요."

몇 년 전 짤막한 외신 기사 하나를 보았습니다. 홍수로 집이 침수되었는데 그 집에서 노인 부부가 함께 사망한 채 발견되었습니다. 남편은 병환으로 거동할 수 없었지만, 간병하는 부인은 얼마든지 피할 수 있었는데도 피하지 않고 함께 죽음을 맞은 것 같다는 기사였습니다.

이 기사를 접한 이후 오랫동안 노부부가 맞았을 죽음의 순간과 그들이 나누었을 이야기가 무엇이었을까 하는 생각이 가끔 떠올랐습니다. 단순한 궁금증 때문이 아닙니다. 두 분이 마지막 순간 편안한 마음으로 죽음을 맞았기를 바라는 마음에서입니다. 그러한 바람을 담아 엽편葉編 소설 형식으로 이야기를 구성해 보았습니다.

내일, 21일은 둘이서 하나 되어 행복하게 살아가자는 뜻으로 정한 '부부의 날'입니다.

2023. 5. 20.

린다우의 추억

해마다 이맘때면 독일 남부 작은 휴양도시 린다우Lindau에서 과학 분야 노벨상 수상자들과 젊은 과학자들이 모여 일주일 동안 강연, 패널 토의, 토론 등을 하는 린다우 노벨상 수상자 모임Lindau Nobel Laureate Meeting이 열립니다. 이곳 출신의 한 독지가가 1951년 전쟁 후 피폐해진 상황 속에서 젊은이들에게 희망을 주기 위해 노벨상 수상자를 초청하여 젊은이들과 만남을 주선하고자 이 행사를 시작했습니다.

시작은 조촐했으나 점점 규모가 커져 이제는 해마다 분야를 바꾸어 가며 그 분야 노벨상 수상자 수십 명과 세계 각국의 젊은 과학자 수백 명이 참가합니다. 수상자들과 신진 과학자들이 전공 분야를 중심으로 그룹을 만들어 소통하는 가운데 수상자들은 젊은 과학자들에게 연구 경험을 전수하고 젊은 과학자들은 영감과 새로운 자극을 얻는 한편, 저녁에는 함께 맥주를 마시며 인생 이야기도 하는, 참으로 꿈같은 잔치가 벌어집니다.

　최근 들어 노벨상의 공동수상 비율이 90%가 넘는 실정에서 보듯이, 국제적 공동 연구의 성과를 도출하기 위해서는 정보 교환과 교류 협력이 반드시 필요합니다. 나아가 이를 뒷받침할 국가 차원의 지원 전략도 필요합니다. 이 모든 것을 위한 네트워킹 구축 면에서 이 행사는 큰 역할을 합니다. 노벨상 주관 국가인 스웨덴의 노벨상 관계자도 참석하니 더욱 그러합니다.

　저는 2013년 그 행사에 참여했습니다. 그해는 주최 측이 공식 일정 첫째 날을 '한국의 날'로 지정하여 한국의 문화와 과학 정책을 소개하고 만찬을 베푸는 등 한국이 일정 부분 호스트 역할을 하도록 했습니다. 총리 퇴임 후 베를린에 머무르고 있는 저에게 정부가 한국을 대표하여 그 일을 하기를 부탁했습니다. 그 과정에서 화학 부문 노벨상 수상자 35명을 모시고 함께 식사하며 담소를 나누었습니다.

　학문 연구에 평생을 바친 그분들에게서는 어디에서도 경험할 수 없는 엄청난 아우라가 느껴졌습니다. 최고령자인 에드먼드 피셔Edmond H. Fischer(당시 94세로 1992년 수상자) 교수 등 수상자들은 하나같이 순진무구했습니다. 겸손하고 따뜻했습니다. 일정 경지에 오른 분들의 모습은 저렇구나 싶었습니다. 스위스 출신 베르너 아르버Werner Arber 교수에게 스위스 출신 수상자 수를 물었다가 28명이라는 대답에 깜짝 놀라 혹시 한국 수상자 수를 물을까 봐 얼른 말머리를 돌렸던 민망한 기억도 남아 있습니다. 일본 홋카이도대학의 히데키 교수는 한국에서도 곧 수상자가 나오기를 바라는 덕담을 해 주었습니다. 저는 행사가 끝나 린다우를 떠나며 짧은 기간 내에 우리나라 출신 노벨상 수상자가 나오기를 염원했습니다.

다음 주 6월 1일 제 33회 삼성호암상 시상식이 열립니다. 삼성호암상은 호암재단이 주관하여 6개 부문에 걸쳐 과학기술과 문화예술의 발전을 이끌고 사회봉사로 고귀한 인간애를 실천한 분들을 찾아 그 노고와 헌신을 세상에 널리 알리고 격려하는 상입니다. 그러나 상을 운영하는 우리의 꿈 한 가지는 학술 부문 삼성호암상 수상이 노벨상 수상까지 이어지는 것입니다.

호암재단이 2002년 노벨상 100주년 기념전시회를 개최하고 2010년 노벨재단에 특별상을 수여하는 등 노벨상위원회와 적극적으로 교류하는 것도 그 노력의 하나입니다. 실제로 삼성호암상 수상자 중 몇 분은 노벨상 수상에 가까이 다가갔다고 평가받기도 합니다. 2021년 과학상 물리 수학 부문 수상자인 39세의 허준이 교수가 이듬해 수학 부문의 노벨상이라 일컫는 필즈상을 수상하여 호암재단의 간절한 바람이 이루어진 것입니다.

그렇기에 훌륭한 수상자를 선정하는 일이야말로 가장 중요한 일입니다. 해외의 유력한 추천인 2천여 곳을 비롯하여 총 3천여 곳에 추천을 의뢰하고 〈네이처Nature〉, 〈셀Cell〉 등 해외 저명 학술지에 후보를 추천받는다는 공고를 올리고, 노벨상 수상자 등 해외 석학을 포함한 최고 전문가로 심사위원회를 구성하고, 수상 후보자의 업적에 대해 해외 석학에게 평가받고 자문하는 등 엄정한 절차를 거치는 것은 바로 그 이유입니다.

이번 시상식의 특징은 피아니스트 조성진 씨가 29세로 역대 최연소 수상자가 되었고, 50대 여성 과학자 두 분이 수상자가 되었다는 점입니다. 세상도 삼성호암상도 이처럼 변화·발전하고 있습니다.

2022. 5. 27.

전쟁은 총칼로만 하는 것이 아니다

저의 독일인 친구 부부가 그의 영국인 친구 부부와 함께 한국을 방문했습니다. 그는 작센주 드레스덴에서 공증인으로 활동하다 얼마 전 은퇴했으나 10여 년 전부터 작센주 한국 명예 영사로 근무하고 있습니다. 드레스덴 엘베강 언덕 위에 있는 그의 집은 포도밭을 낀 바로크 스타일의 작은 성채城砦로서 마당에는 국기봉을 세워 태극기를 높이 매달아 놓았습니다.

그는 이제 공증인으로서도 은퇴했으니 한국과 관련된 일을 보다 본격적으로 시작하겠다며 재단을 만들었습니다. 우선 시작하는 일 가운데 하나가 한국과 일본의 젊은이들이 함께 유럽을 여행하며 서로를 이해하는 기회를 주는 프로그램을 구상하는 것입니다. 견원지간犬猿之間이었던 독·불 관계가 청소년 등 젊은이들의 교류를 통하여 형제 관계로 변모한 예를 한·일 관계에도 적용해 보고 싶다는 취지입니다. 이 일을 위해 한국을 방문했습니다.

그들이 부산에서 일본으로 가는 일정을 짜서 서울에 왔기에 저도 함께 부산에 가서 챙겨 주게 되었습니다. 1박의 짧은 부산 체재이므로 그들에게 무엇을 보여 주어야 할지 고민스러워 부산 출신 박수영 의원에게 취지를 설명하고 상의했더니 자신이 일정을 짜 보겠노라고 하였습니다. 그런데 뜻밖에 '유엔기념공원'을 1순위로 올려놓았습니다. 오랜 공직 생활에도 방문한 적이 없어 조금은 미안한 생각으로 그곳을 찾아갔습니다.

아름답게 잘 정돈된 공원에 들어선 지 채 몇 분이 되지 않아 정말 잘 찾아왔다는 생각이 들었습니다. 특히 외국 친구들이 감동하는 기색이 역력했습니다. 대한민국을 위해 희생한 분들을 이처럼 잘 모시고 있는 것이 그들에게 감동인 듯합니다. 그곳에는 참전 유엔군 2,311명이 잠들어 있습니다. 그 가운데 영국군이 886명으로 가장 많습니다. 영국인 손님은 그 이유를 물으며 의아해했습니다. 희생자가 가장 많았던 미국은 유해를 미국으로 모셔갔기 때문입니다.

그런데 그곳에 안장된 분 가운데 유일한 장군 한 분이 계셨습니다. 미국 출신의 리처드 위트컴^{Richard Whitcomb} 장군입니다. 전에 어렴풋이 들었지만 이번에 그분에 관한 자세한

부산광역시 남구 소재 유엔기념공원과 유엔군위령탑.

내용을 알게 되었습니다.

1953년 11월 27일 오후 8시 30분경 발생한 부산 역전 대화재로 600세대 3천여 명의 이재민이 발생했습니다. 당시 군수기지 사령관이었던 위트컴 장군은 추위와 배고픔에 떠는 이재민을 위하여 군수기지 창고를 열어 천막, 식료품, 의류 및 침구류를 공급해 이들을 구제했습니다. 그러나 군수물자를 함부로 민간 구제물자로 사용하는 일은 위법이었습니다. 이 일로 위트컴 장군은 군법회의에 회부되었고, 의회 청문회에도 소환되었습니다.

그는 청문회에서 "전쟁은 총칼로만 하는 것이 아니다. 그 나라 국민을 위하는 것이 진정한 승리"라고 말해 의원들의 기립 박수를 받았습니다. 그러나 책임은 면할 수 없어 결국 전역했습니다. 그는 많은 지원 물자를 안고 한국으로 돌아와 부산을 돕는 일에 헌신했습니다.

부산대 건립 등 교육사업 지원, 메리놀병원·성분도聖芬道
병원 등 의료기관 건립 지원, 전쟁고아를 위한 보육원과 고
아원 지원 등이었습니다. 그는 1982년 7월 12일 서울에서
작고하여 유언에 따라 유엔기념공원에 안장되었습니다.

이런 이야기가 감동인 것은 물론입니다만, 이번에 알게
된 감동 스토리는 더 있습니다. 위트컴 장군에 대한 고마움
을 잊지 않기 위해 부산의 뜻있는 분들이 위트컴 장군 조형
물 건립 운동을 시작한 일입니다. 건립 위치는 남구 대연동
평화공원 내로 정하고 성금을 모금하기 시작했습니다. 한
사람이 1만 원씩, 총 3억 원을 목표로 진행하는데 벌써 2억
7천만 원 정도가 모금되었다고 합니다. 어느 기업인이 자신
이 3억 원을 기부하겠다고 나섰지만, 위트컴 장군을 기억하
기 위한 시민운동인 만큼 많은 부산 시민이 동참하는 것이
좋겠다고 하여 물러났다고 합니다.

그동안 친해진 영국인 손님은 부산에서 일본으로 떠나며
작별 인사로, 귀국하면 자동차를 사야 하는데 기아나 현대
자동차를 사야겠다며 웃었습니다. 저는 서울로 돌아오면서
부산 시민은 아니지만 위트컴 장군을 위한 조형물 건립 운
동에 힘을 보태기로 했습니다.

2023. 6. 3.

완승 완패가 아닌 51 : 49의 게임

일제에 의한 강제 동원 피해자에 관한 2018년 대법원 판결 등으로 불거진 한·일 간 갈등이 최근 윤석열 대통령이 제시한 제3자 변제 방식의 해결책과 미래 지향적 한·일 관계로 완화되었습니다. 이로써 양국 간의 우호 협력 분위기가 조성되는 것 같습니다. 그러나 한·일 간에는 과거사 문제, 독도 영유권 문제, 후쿠시마 원전 오염수 처리 문제 등 폭발성을 가진 많은 문제가 남아 있습니다. 앞으로도 부침은 있겠지만 갈등 관계가 완전히 해소되기는 어려울 것입니다.

그러니 어찌합니까? 우리가 마음대로 선택할 수 없고 이사 갈 수도 없는 이웃이라면 감정을 앞세우기보다 객관적 사실관계와 국제규범에 터 잡아 서로의 국익에 도움이 되는 방향으로 좋은 관계를 만들어 갈 수밖에요. 이와 관련하여 떠오르는 생각 몇 대목입니다.

한국 측은 일본이 과거사에 대한 사죄와 반성이 없거나 부족하다는 입장이고, 일본은 과거에 여러 번 사죄했으며 특히 직접적 책임이 없는 현세대에게까지 책임을 묻는 것은 지나치다는 입장입니다. 그러나 진정한 화해와 협력을 위한다면 양측 모두 역지사지易地思之의 마음으로 상대방의 주장을 생각해 보는 자세가 필요합니다. 예컨대 한국 측은 오부치 총리나 간 나오토 총리 등이 보인 사과와 반성의 메시지를 좀 더 진지하게 받아들여야 하고, 일본 측은 끝없이 반성하고 사죄하는 독일의 경우를 참고해야 합니다.

다음으로 떠오르는 생각이 '팍타 순트 세르반다pacta sunt servanda'입니다. 이는 라틴어 법 격언으로, '약속은 지켜져야 한다'는 뜻입니다. 오늘날 전 세계 민법 등 국내법과 국제법의 대원칙입니다. 그렇게 거창하게 나갈 것도 없이 평범한 사람들의 상식입니다.

1965년 한·일 청구권협정 당시 양국 정부는 식민 지배의 불법성 여부에 대한 합치된 결론을 내지 못했습니다. 결국, 양국은 한국의 무효 입장과 일본의 유효 입장을 "이미 무효"라는 표현을 사용하여 각자 자국의 입장에 맞게 해석할 수 있게 함으로써 "부동의에 동의agree to disagree"하는 방식으로 절충했습니다. 그러나 협상 과정에서 한국 정부는 일본에 대하여 청구권 자금 일괄 지급을 요구하면서 강제 동원 피해자에 대한 보상(또는 배상이건)은 한국 정부가 자체적으로 해결하겠다고 약속했습니다.

그렇기에 한국 정부는 1975년 실제로 피해자들에게 보상했고, 2006년에는 피해자 보상이 불충분하다고 보고 특별법을 제정해 6,500여억 원을 추가로 보상했습니다. 이는 한국 측으로서는 강제 동원 피해를 일본 측에 더 이상 청구하지 않는다는 뜻의 표현이기도 합니다.

그런데 대법원은 2012년 강제 동원 피해자의 개인적 청구권은 협정에 포함되지 않았거나 포함되었다 하더라도 국가가 이를 소멸시킬 수 없다는 법적 논리를 구성해 원심판결을 파기하고 피해자 승소 판결을 했고, 그 판결은 2018년 최종적으로 확정되었습니다. 대법원 판결이 존중되어야 한다고 하더라도 강제 동원 피해를 한국 정부가 책임지기로 한 약속은 지켜야 합니다. 그렇기에 정부가 해결책을 마련하는 것은 부득이한 것입니다. 약속을 지키는 것은 국가 위신과 또 다른 국익에 관련된 문제이기 때문입니다.

또 다른 생각은 조선 후기에 일본으로 보낸 외교 사절단인 조선통신사朝鮮通信使입니다. 임진왜란으로 시작된 7년 전쟁이 끝난 지 채 10년도 안 된 1607년, 조선은 일본과 국교를 재개하고 1811년까지 열두 차례나 통신사를 파견했습니다. 국토를 유린하고 국민을 살상한 일본과 이처럼 빨리 국교를 재개하고 쇼군 취임을 축하하는 등의 명목으로 통신사를 파견했으니, '조선 사람은 뺄도 없나, 이 무슨 꼴이냐'는 생각이 들기도 합니다.

도쿠가와 이에야스가 자신의 정권은 조선을 침략한 도요토미 히데요시와는 상관없다며 국교 재개를 간곡히 요구했고, 조선으로서도 당시 후금(후일의 청나라)이 강성해 가는 국제 정세 속에서 후방에 있는 일본과의 관계도 잘 관리할 필요가 있었다고 합니다. 또한, 도쿠가와 막부 입장에서도 집권하긴 했지만 도요토미 파벌을 완전히 제압하지는 못한 불안한 상태여서 국제적 신망을 얻어 둘 필요가 있었다고 합니다.

옛날이나 지금이나 외교는 이러한 것임은 변함이 없습니다. 외교가 지향하는 바는 완승完勝 완패完敗가 아니라 각국이 유리하다고 생각하게 만드는 51 대 49의 게임입니다.

2023. 6. 10.

신생아 한 명에 1억 원 지원하기?

가슴이 따뜻해지는 옛날 풍경이 가끔 마음속에 떠오릅니다. 어머니는 젖먹이를 등에 업고 대여섯 살 만이의 손을 붙잡고, 아버지는 서너 살 둘째 아이를 가슴에 안고 함께 나들이 가는 풍경입니다. 지금은 흔히 볼 수 없는 단란한 가족의 모습입니다. 보육과 교육의 어려움 탓에 결혼도 출산도 피하는 세태 때문입니다. 학생 수 감소로 많은 학교가 폐교되거나 통합되었고 심지어 지방 소멸까지 우려되는 상황입니다.

　이처럼 우리나라의 저출산 문제는 고령화와 더불어 나라의 장래를 위협하는 심각한 문제가 된 지 오래입니다. 2006년부터 지난해까지 정부와 지방자치단체의 저출산 대응 예산은 332조 원에 이르나 지난해 합계 출산율은 0.78명으로 역대 최저입니다. 세계적으로도 최저 수준입니다. 물론 이 예산 가운데는 저출산 대응과 직접 관련이 없는 예산도 포함되어 있다고 하지만, 투입된 예산에 비하여 성과는 처참하다고 할 수밖에 없습니다.

우선 저출산 대응 예산을 효율적으로 사용하여 출산율을 높이는 다양한 정책을 다시 수립해야 합니다. 정부 각 부처의 이해를 앞세운 예산 확보 다툼이 저출산 대응으로 포장되는 것을 막고, 출산율 증가의 실질적 성과가 나올 수 있도록 해야 합니다. 아동수당·육아휴직 급여 등 현금 지원 예산을 적어도 OECD 평균 이상으로 높여 보육과 교육의 부담을 실감 나게 줄여 주는 것도 한 예입니다.

그러나 저출산 문제는 정부의 노력, 즉 정부의 정책이나 예산만으로는 해결할 수 없습니다. 시대 상황의 변화와 그에 따른 국민 의식의 변화에 영향을 받는 문제인 만큼, 온 국민이 함께 나서서 해결해야 할 문제입니다. 우선 경제적 부담에도 불구하고 가정에서 행복을 찾도록 하는 사회 분위기를 만들어야 합니다.

얼마 전 어느 원로 기업인이 저에게 문서 하나를 전하며, 정부 내에 아는 분들이 많을 것이니 검토해 보고 반영될 수 있도록 해 달라고 부탁했습니다. 그 내용은 출산 장려를 위한 정책 건의에 관한 것이었습니다. 기업인이 자기 사업과는 상관이 없는 문제를 두고 국가의 장래를 걱정하며 나름대로 대안을 적극적으로 제시하는 것에 존경심과 고마움을 느꼈습니다.

건의 내용의 요지는 이러했습니다.

2006년부터 2021년까지 16년간 정부가 지원한 출산 장려 관련 예산은 280조 원인데 그 기간에 출생한 652만 명으로 나누면 1명당 4,300만 원이나 되지만, 과연 효율적인 정책이었나? 지금 출산율로는 20년 후 국토방위를 위한 절대 인력도 부족할 것이어서 국가의 장래가 걱정된다. 출산 장려를 위한 방책으로, 개인이나 기업이 출생 당사자나 부모 또는 대리인에게 1억 원을 기부하면 그 금액은 소득공제 대상으로 하고, 수증자에게는 증여세를 부과하지 않는 조세 혜택을 부여하자. 이렇게 되면 출산자의 친족, 지인이나 고용 기업들이 출산을 축하하는 일에 나서게 되고 더불어 사회는 통합되고 더 따뜻해질 것이다.

미혼모나 생계가 어려운 임산부의 낙태나 영아^{嬰兒} 유기의 유혹을 억제하여 생명 존중 사회를 만들 수 있다. 출생자를 특정하지 않고도 기부할 수 있도록 하고 출산장려금을 수증, 배분하고 관리하는 기관을 둔다. 이 제도 도입으로 일시 조세 수입 감소가 우려도 되지만 수증자의 기부금 사용에 의한 시장 형성으로 2~3차의 조세 수입이 충당되어 결국 조세 수입 감소도 거의 없을 것이다.

그 건의서에서는 자녀 수가 많을수록 더 낮은 세율이 적용되는 프랑스의 소득세 과세제도를 소개하기도 했습니다.

프랑스는 생계를 같이하는 가족의 소득을 합산해 가족 구성원 수로 나누어 1인당 소득을 산출한 뒤 세율을 곱해 세액을 정하고, 다시 가족 구성원 수를 곱하여 가족의 총부담 세액을 산출한다는 것입니다.

물론 심층적 분석이 선행되어야 하겠지만, 검토해 볼 만한 가치가 있는 제안이라는 생각이 들어 관계자에게 이를 전달했습니다. 특히 국가가 세금을 거두어 모든 것을 주도적으로 처리하겠다는 발상을 전환하여 민간에 역할을 분담하고 그것과 중복되는 정부의 지출을 줄이면서 소기의 목적도 달성할 수 있다면 더 바람직하리라는 생각이 들었기 때문입니다.

2023. 6. 17.

서부전선 이상 있다

독일 출신 작가 레마르크가 1929년 발간한 소설《서부전선 이상 없다 Im Westen nichts Neues》는 제 1차 세계대전 당시 독일과 프랑스가 맞닿은 서부전선에 투입된 병사들의 전쟁 경험을 다룹니다. 작가 자신의 제 1차 세계대전 참전 경험을 바탕으로 전쟁의 비인간적 모습과 인간의 무력함 등을 통해 전쟁의 비참한 본성을 솔직하고 현실적인 묘사와 간결한 문체로 그려 낸 소설로서 전쟁문학의 백미로 평가받습니다.

맹목적 애국심을 강조하며 입대를 선동하는 선생님의 영향으로 군에 자원입대한 파울 보이머를 비롯해 스무 살이 채 안 된 학도병들이 전쟁터로 나갑니다. 그들은 죽지 않기 위해 적군을 죽일 수밖에 없습니다. 처음에는 자신이 살상한 적군의 시체 앞에서 고뇌하며 용서를 구하기도 하지만 차츰 살상은 일상의 일이 됩니다. 독가스로 폐가 타 버려 검은 가루를 토해 내거나, 포탄 파편으로 인해 구멍 뚫린 배를 붙잡고 달려가거나, 적군을 향해 진격하던 중 두개골에 직격탄을 맞아 머리가 없는 채로 몇 걸음을 내딛다가 구덩이에 빠지는, 비참한 전장의 모습들이 그려집니다.

이러한 상황에서 그들은 타인의 고통에 무감각해지고, 잔혹해지며 그럴수록 미래에 대한 희망을 잃습니다. 무의미하게 진행되는 전쟁 속에서 함께 참전한 학우들은 차례로 다 전사하고 종전을 며칠 앞둔 어느 날 마지막 남은 파울마저 전사합니다. 독일군 사령부는 "서부전선西部戰線 이상 없음"이라는 보고를 띄웁니다. 전투와 죽음이 계속되는 상황에서의 그 보고는 사람들이 더 이상 고민하지 않고 전투와 죽음을 당연한 일상의 일로 받아들이는 모습을 보여 줍니다.

독일어 소설 제목을 직역하면 '서쪽에는 새로운 것이 없다'입니다. 새로운 것이 없다는 것은 변화가 없으며, 그래서 모든 것이 노멀normal한 상태라는 의미일 수 있습니다. 전쟁과 죽음이 연속되는 비정상적 상황이 노멀한 상태일 수는 없습니다. 그래서 소설 제목은 냉소를 담은 상징적 표현입니다. 또한, 일본에서 이를 '서부전선 이상 없다西部戰線異状なし'라고 번역한 것은 독일어 제목과 같은 취지로 미국에서 번역한 'All Quiet on the Western Front서부전선, 모든 것이 고요하다'보다 적절해 보입니다.

작년 2월 러시아의 우크라이나 침공으로 시작한 전쟁은 아직 끝이 보이지 않습니다. 개전 직후 세계는 우크라이나가 며칠도 버티지 못하고 항복하거나 붕괴할 것으로 보았습니다. 그러나 우크라이나는 미국 등 서방 세력의 지원을 받으며 강력한 항전 의지를 갖고 선전하는 반면 러시아는 고전하면서 전쟁이 장기화되고 있습니다. 러시아는 서방세계의 우크라이나 지원이 계속되는 한 애당초의 목적을 달성할 수 없을 것입니다.

러시아로서는 명분 없고 승산 없는 전쟁을 빨리 끝내는 것이 옳은 길이지만, 장기전으로 가더라도 중국·이란 등 미국 견제 세력과의 연대하에 끝까지 싸울 것으로 보입니다. 또한, 우크라이나도 러시아가 2014년 병합한 크림반도를 포함한 우크라이나의 모든 영토에서 러시아를 완전히 몰아내는 것은 군사적으로 어려워 보입니다. 그런 사이에 전쟁은 상당 기간 교착 상태로 들어가, 전쟁에 내몰린 군인들과 무고한 시민들의 희생과 각종 기반 시설 파괴로 인한 피해가 날로 커갈 것입니다.

제1차 세계대전 당시 참호전塹壕戰이 진행됐던 서부전선은 전쟁 내내 고작 몇백 미터도 움직이지 않았습니다. 서로 얻은 것도 없이 일상적으로 진행된 그 참혹한 전쟁터, 그곳에서만 300만 명 이상이 사망했습니다. 전쟁이 얼마나 어리

석고 비극적인지 함축해 보여 줍니다. 이대로 가면 우크라이나 전쟁도 마찬가지일 것입니다. 이러한 형편임에도 불구하고 전쟁을 끝내려는 국제사회의 노력도 부족합니다. 마치 "서부전선 이상 없다"라는 헛된 보고만 쌓이고 있는 것 같습니다. 이제 "서부전선 이상 있음"을 되뇌어야 할 때입니다.

전쟁을 하루빨리 끝내야 합니다. 2014년 러시아에 합병된 크림반도를 제외한 점령지에서 러시아가 철수하는 방안을 중심으로 타협해야 합니다.

2023. 6. 24.

우리가 살고 싶은 도시

우문현답

저의 총리 재직 기간 내내 국무차장으로 함께 일했던 육동한 춘천 시장이 공무원을 상대로 특강을 해 달라고 요청했습니다. 한번 찾아가 취임 축하와 격려를 해 드리고 싶던 차에 강연 요청을 받았기에 기쁜 마음으로 수락했습니다. 먼저 어떤 주제로 강연할까 고민하다가, 지식이나 정보를 제공하기보다 공직 후배들에게 저의 공직 경험을 소박하게 소개하기로 했습니다. 공직자들이 그 가운데 참고할 교훈을 얻기를 바라며.

재판 경험에서 이야기를 시작했습니다. 재판은 사실관계를 확정하고 거기에 법률을 적용하여 결론 내는 과정입니다. 재판에서 사실관계가 확정되는 비율은 70% 이상입니다. 사실관계가 정확하게 확정되면 나머지 문제는 어렵지 않게 정리가 되며 좋은 결론에 이를 수 있습니다. 많은 경우 서류를 검토하기보다는 당사자나 증인의 표정 등 태도를 보며 소통하거나 사건 관련 현장을 직접 방문하면 사실관계가 더 명확히 밝혀집니다. 행정도 마찬가지입니다. 현장의 생생한 목소리를 듣고 모습을 확인하면 좋은 결론을 도출할 수 있습니다. 탁상공론卓上空論에 빠지지 않아야 하는 이유입니다.

　재판이건 행정이건 국민의 요구가 형식적, 절차적 이유로 부당하게 거부되는 경우가 많습니다. 바꿔 말하면 국민이 가려움을 호소하는데 법원이나 행정기관은 형식적 법률 규정에 얽매여 나 몰라라 하는 셈입니다. 심지어 "억울하지만, 방법이 없다"가 답변이 되기도 합니다. 이런 경우에 다른 좋은 해결책은 없을까 하고 길을 찾아 나서는 것이 좋은 재판이자 행정입니다.

　감사원장으로 일할 때 행정기관이나 공기업에서 사후 감사를 염려하여 소신껏 일할 수 없다는 이야기가 들려왔습니다. 설거지하지 않으면 접시를 깰 일도 없는 것처럼 일하지 않으면 감사에서 지적받을 일도 없습니다. 그리하여 공직자가 이른바 무사안일無事安逸, 복지부동伏地不動의 자세에 빠진다면 그 피해는 국민에게 돌아갑니다.

　그래서 '적극 행정 면책免責 제도'를 도입했습니다. 어떤 조치가 결과적으로 위법하거나 부당한 것으로 판명되더라도, 그 행정처분이 지향하는 목적이 공익에 부합하고 절차적으로 나름대로 충분한 협의와 숙고를 거쳤으며, 그 과정에서 부정 청탁 등의 요소가 없다면 책임을 묻지 않기로 하는 제도입니다. 공직자의 적극적 자세를 당부하기 위해서입니다.

국민의 편의를 증진하는 한편 불편은 해소할 수 있도록 창의적 자세를 가질 것도 당부했습니다. 다양한 사례를 소개했습니다. 그 가운데 한 예가 제가 법원 행정을 담당할 때 경험한 일입니다. 회사 등 법인 이사의 주소는 법률상 등기사항이었습니다. 주소가 변경되면 일정 기간 내에 변경 등기를 해야 하고 지체되면 과태료 처분을 내렸습니다. 이사들의 주민등록번호가 등기되므로 이사의 동일성을 확실히 하기 위하여 주소까지 등기토록 할 필요가 없습니다(다만 대표이사 주소는 등기토록 합니다). 말하자면 쓸데없이 국민만 괴롭게 하는 일이었습니다.

법무부와 상법 개정을 논의했더니 다른 개정 사항과 함께 개정하여야 하니 당장은 어렵다는 답이 돌아왔습니다. 국민 불편을 빨리 면해 드리고 싶었습니다. 그래서 법제사법위원회 수석전문위원과 상의하여 의원입법 형식의 〈법인의 등기사항에 관한 특례법〉을 제정하기로 했습니다. 다만 법안을 소개할 의원을 모셔 온다는 조건이 붙었습니다. 이에 이 인제 의원에게 부탁했더니 기꺼이 맡아 주었습니다.

4개 조항으로 구성된 특별법이 작업 착수 2주 만에 국회를 통과했습니다. 역사상 가장 단출한 내용의 최단기 처리 법안이었습니다. 국민은 그만큼 편리해졌습니다.

끝으로 다양한 갈등 해결의 기준, 방법과 구체적 사례를 소개하고 나서 적어도 춘천에서는 복지 사각에서 죽음을 선택하는 송파 세 모녀 사건 같은 일, 고독사(교류하는 이 없이 홀로 죽는 것)나 직장(장례식도 없이 화장터로 직행하는 장사 방식) 같은 비인간적인 일이 일어나지 않는, 다문화가정이나 이주 노동자를 잘 배려하는 따뜻한 춘천을 만들 것을 당부했습니다.

'우리의 문제는 현장에 답이 있다'는 뜻으로 우스개 삼아 사용하는 '우문현답愚問賢答'이 이 모든 것들의 출발점입니다.

2023. 7. 1.

존 로버츠 미국 연방 대법원장을
생각하는 이유

존 로버츠John Roberts는 요즘 국내 뉴스에도 자주 등장하는 미국 연방 대법원장입니다. 연방 대법원이 내놓는 판결에 대한 논란이 미국 사회에서 부쩍 늘었기 때문입니다. 저는 2007년 미국 연방 대법원을 방문하여 그분을 만났습니다. 방문 당시 그는 저에게 매우 흥미로운 인물이었습니다. 조금은 세속적인 이유였지만.

공화당 출신 부시 대통령은 2005년 7월 은퇴한 오코너 대법관의 후임으로 그를 지명했습니다. 그러나 청문회 준비 중 윌리엄 렌퀴스트 대법원장이 작고하자 부시 대통령은 그를 대법원장 후보로 바꿔 지명했습니다. 상원 표결에서 찬성 78표, 반대 22표로 인준안이 통과됐습니다. 부시 대통령이 지명한 보수 성향의 법조인이었지만, 이념에 얽매이지 않는 유연한 성향을 가진 것으로 알려지면서 인준 투표에 참여한 공화당 의원 대다수는 물론이고 민주당 의원들까지 지지해 초당적 지지를 받았습니다.

하지만 당시 상원 의원이던 버락 오바마는 반대표를 던졌습니다. 당시 로버츠의 나이 50세로 대법관 중 최연소였을 뿐만 아니라 대법원장으로 임명되었으니 종신까지 대법원장으로 30년 이상 근무할 가능성이 있어 보였습니다. 민주주의 국가에서 이런 일이 정상일까 하는 생각도 들었습니다. 또한, 당시 가장 나이 많은 대법관은 80대 중반이었고 나머지 대법관도 대부분 60~70대였으니 아버지나 삼촌 연배 대법관들로 구성된 대법원을 이끌어야 하는 형편이었습니다. 연령이나 서열이 중시되는 동양적 사고로는 좀 불편하고 어색한 대법원 분위기일 것이라는 생각이 들었습니다.

면담을 기다리는 도중에 안내하는 행정 책임자에게 저의 오지랖 넓은 걱정을 내비쳤습니다. 그분은 웃으며 그런 염려는 없다고 단언했습니다. 대법관 각자가 자신에게 맡겨진 일만 충실하게 하면 되는 것이고, 특히 로버츠 대법원장은 지혜롭고 겸손한 분이기 때문에 선배 대법관들을 인간적으로 잘 배려하며 대법원을 지극히 원만하게 운영하고 있다고 했습니다. 한국 사회라면 어떨까 하는 생각을 해 보았습니다. 저를 만나자 우리는 똑같이 2005년에 대법관이 되었다는 사소한 공통점을 꺼내며 편안하게 이야기를 풀어 나가는 그의 모습을 보며 인품을 짐작할 수 있었습니다.

로버츠 대법원장은 엘리트 중 엘리트였습니다. 하버드대학에서 역사학을 전공하고 하버드 로스쿨에 진학했고, 재학 중 엘리트의 상징인 〈하버드 로 리뷰Harvard Law Review〉 편집 장으로 활약했습니다. 풍부한 독서량을 바탕으로 명문을 쓰는 문장가로 인정받았습니다. 그는 한때 윌리엄 렌퀴스트 대법관의 재판연구원으로 일하기도 했고, 법무부 송무 담당 부차관 및 로펌 변호사 그리고 연방 항소법원 판사로 일하는 등 다양한 경력을 쌓았습니다.

대법원장이 된 그는 대법원에서 정치색을 최대한 빼려고 노력했습니다. 보수와 진보를 넘나들며 사안에 따른 합리적 판단으로 균형자 역할을 다했습니다. 예컨대, 건강보험과 관련된 이른바 '오바마 케어' 문제에서는 행정부 손을 들어 주면서 공화당에서 너무 진보적이란 비판을 받았습니다.

그러나 그의 노력에도 미국 정치권이 극단적으로 대립하는 분위기로 넘어가고, 트럼프 대통령의 지명에 따라 보수 성향 대법관이 많아지자 그의 역할은 한계에 부닥쳤습니다. 대법원에 대한 정치권의 비판도 심해졌습니다. 그는 "우리는 민주당과 공화당과 일하지 않는다", "우리는 오바마 대법관, 트럼프 대법관이 아니며 부시 대법관과 클린턴 대법관도 아니다"라며 대법원은 정치권에서 독립하여 중립적으로 일함을 강조하며 맞섰습니다.

아무튼 정치와 이념이 극단화된 영향으로 연방 대법원은

힘든 시기를 맞고 있습니다. 그래도 2021년 갤럽 여론조사에 의하면 로버츠 대법원장이 설문 대상 고위직 11명 중 유일하게 민주·공화 지지층 모두에서 과반 지지를 받으며 가장 훌륭히 업무를 처리하는 것으로 평가받고 있습니다.

한국에서는 오는 9월 새 대법원장이 선출됩니다. 헌법과 법률에 충실하고 이념에 휘둘리지 않으며, 오로지 국민 편에 서서 법원을 이끌 수 있는 균형감과 인품을 가진 분이 선출되기를 바랄 뿐입니다.

2023. 7. 8.

자전거 도둑

예전에 어느 사람에 대한 궁금증을 풀기 위해 가장 감명 깊게 본 영화가 무엇인지 등을 질문하는 경우가 종종 있었습니다. 제 경우 답은 1959년 제작된 미국 영화 〈벤허〉였습니다. 찰턴 헤스턴 등 출연 배우들의 명연기와 박진감 넘치는 전차 경주 등 스펙터클한 장면뿐 아니라 가슴 저미는 사랑 이야기까지 담고 있어 예술성과 오락성을 두루 갖춘 명작입니다. 윌리엄 와일러 감독조차도 시사회를 마치고 "하나님, 제가 이 영화를 만들었나요?"라고 감탄했다고 합니다. 아카데미상도 11개 부문이나 수상했습니다. 저에게는 더 이상의 영화는 없을 것 같습니다.

〈벤허〉 외에도 잊히지 않는 영화가 몇 편 더 있습니다. 그 가운데 하나가 1948년 이탈리아의 비토리오 데시카 감독이 만든 〈자전거 도둑〉입니다. 〈벤허〉와는 달리 남자 주연배우가 길거리 캐스팅으로 등용된 무명 배우이고, 비용이 많이 드는 세트장이 아니라 제2차 세계대전이 끝난 직후 피폐해진 로마 시내를 촬영 장소로 한 흑백영화지만 가슴속에 긴 여운을 남기는 명작이기는 마찬가지입니다.

주인공인 안토니오는 실직 중 겨우 일자리를 얻습니다. 거리에 벽보를 붙이는 일인데, 그 일에는 자전거가 꼭 필요합니다. 그는 아내가 전당포에 자신의 물건을 맡기고 마련해 준 자전거를 그만 도둑맞고 맙니다. 자전거를 찾으러 백방으로 돌아다니다 도둑으로 보이는 사람을 잡지만 정작 자전거를 회수하는 데에는 실패합니다.

낙담한 그는 길가에 세워진 자전거를 발견하고 이를 훔치다가 그 자리에서 주인에게 붙들립니다. 사람들이 몰려들어 그를 도둑이라 비난하며 경찰에 넘기라고 소리치는 등 그는 말할 수 없는 수모를 당합니다. 그 장면을 7살 남짓한 어린 아들 부르노가 목격합니다. 아버지 안토니오는 군중 속에 섞여 있는 아들과 눈길이 마주칩니다. 난처함과 안타까움이 교차하는 비극적인 장면입니다.

다행히 주인이 용서하여 풀려난 아버지는 집으로 돌아갑니다. 아들이 아버지 곁에 다가가 슬그머니 아버지의 손을 잡고 함께 피폐한 로마 거리를 말없이 걸어가면서 영화는 끝이 납니다. 나아진 것은 아무것도 없지만 그래도 아버지와 아들이 손을 잡고 아내와 엄마가 있는 집으로 돌아가는 것만으로도 위로가 됩니다. 희망의 빛이 보이는 것 같습니다. 가혹할 정도로 고단한 삶의 현실과 따뜻한 가족애와 희망을 사실적으로 그린, 네오리얼리즘을 대표하는 영화로 평가 받습니다.

영화 〈자전거 도둑〉을 생각하면 마음속에 떠오르는 사건이 있습니다. 사법연수생 시절 연수 일환으로 광주지방검찰청 검사 직무대리로 부임한 첫날 배당받은 사건입니다. 14세를 갓 넘긴 소년은 집안이 가난하여 학교에 다니지 못하고 공장에서 일해야 하는 처지였습니다. 겨울철 광주천을 따라 찬 바람 속에 먼 공장을 오가는 것이 힘들었습니다. 자전거가 있다면 얼마나 좋을까 생각하다가 길가에 세워진 자전거를 발견하고 훔쳤고, 이내 붙잡히고 맙니다. 포승줄에 묶여 사무실로 들어선 소년은 창백한 얼굴에 나이보다 더 어려 보였고, 두려움에 떨고 있는 것 같았습니다. 어릴 적 참새를 잡아 손안에 쥐었을 때 팔딱거리는 참새의 심장 박동이 느껴졌던 바로 그 느낌이었습니다.

어려운 환경에서 순간 실수로 저지른 범행이니 용서하여 기소유예로 석방하는 것이 마땅하다고 생각했습니다. 지도검사에게 제 의견을 말씀드렸더니, 자전거 절도는 구속 기소하는 것이 실무 처리 기준이고, 그래서 윗분들이 석방을 허락하지 않을 것이니 차라리 빨리 기소하여 법원에서 용서받도록 하는 것이 소년을 도와주는 것이라고 저를 설득했습니다. 오히려 저에게 미안해하는 지도 검사의 설득에 따라 곧바로 기소했습니다. 소년에게는, 순간의 실수이고 반성하고 있으니 크게 문제가 될 사건이 아니며 법원에서도 용서해 줄 것이니 크게 걱정하지 말고 조금만 견디라고 당부하며 위로해 주었습니다. 소년을 더 위로해 줄 것이 없나 생각하다가, 제가 갖고 있던 껌을 호주머니에서 꺼내어 소년에게 건네주었습니다.

영화 〈자전거 도둑〉을 보고 난 뒤로, 그리고 이 사건을 경험한 뒤로는 '자전거 도둑'이라는 말은 제게는 범죄라기보다 삶의 고단함과 안타까움의 상징처럼 느껴집니다.

2023. 7. 15.

제헌절 유감

일제강점기에서 해방된 남·북한은 3년간 군정軍政을 거쳐 각자 별도로 정부를 수립했습니다. 그로부터 75년이 지난 지금 대한민국은 세계 10위권의 경제 국가이자 모든 면에서 세계 수준의 선진 국가로 변모했으나, 북한은 그 반대로 경제적 최빈국이자 인권을 비롯한 모든 분야에서 최악의 수준입니다. 같은 민족으로서 동일 선상에서 출발한 두 나라가 이처럼 극명한 차이를 보이는 원인은 무엇입니까?

그것은 말할 것도 없이 건국의 기초이자 국가의 설계도인 헌법, 그 내용의 차이이자 그 헌법을 만들어낸 리더십의 차이입니다. 민족 역량의 차이가 아닌 것이 분명합니다. 남·북한 모두 같은 민족이니 민족 자체의 역량은 차이가 없을 테니까요.

대한민국은 1948년 5월 10일 총선거를 실시해 제헌국회를 구성했습니다. 의원 200명 전원이 참여해 삼독 토의三讀 討議를 거쳐 7월 12일 "대한민국은 민주공화국이다"라는 헌 법 1조로 민주공화제의 원칙을, 이어서 "대한민국의 주권은 국민에게 있고 모든 권력은 국민으로부터 나온다"라는 헌법 2조로 주권재민主權在民의 원칙을 선언하며 이를 기본 틀로 한 총 103개 조항으로 된 헌법을 의결하고, 7월 17일 이를 공포했습니다.

4조로 "대한민국의 영토는 한반도와 그 부속 도서로 한 다"라고 규정하여 대한민국이 한반도를 대표하는 정부임을 선언하고, 16조로 "모든 국민은 균등하게 교육을 받을 권리 가 있다. 적어도 초등교육은 의무적이며 무상으로 한다"라 고 규정하여 국가발전의 토대로서 교육의 중요성을 천명하 고, 84조로 "대한민국의 경제질서는 모든 국민에게 생활의 기본적 수요를 충족할 수 있게 하는 사회 정의의 실현과 균 형 있는 국민경제의 발전을 기함을 기본으로 삼는다"라고 규정하여 사회적 연대를 지향하고, 나아가 86조로 "농지는 농민에게 분배하며 그 분배의 방법, 소유의 한도, 소유권의 내용과 한계는 법률로써 정한다"라고 규정하여 구체적 사회 통합을 꾀했습니다.

헌법 공포 당시 이승만 국회의장은 공포사公布辭에서 "지 금부터는 우리 전 민족이 고대전제古代專制나 압제정체壓制政體 를 다 타파하고 평등 자유의 공화적 복리를 누릴 것을 이 헌법이 담보하는 것"이라고 선언하고, "일반 국민은 이 법률로 자기 개인의 신분상 자유와 생명, 재산의 보호를 받을 것"임을 강조했습니다.

또한, "이북 동포에게 눈물로 고하고자 하는 바는 아무리 아프고 쓰라린 중이라도 좀 더 인내해서 하루바삐 기회를 얻어서 남북이 동일한 공작工作으로 이 헌법의 보호를 동일히 받으며 … 자유 활동에 부강 증진을 함께 누리게 되기를" 간절히 바란다고 했습니다. 제헌헌법의 핵심 내용과 분단국가로서 대한민국의 지향목표를 명확히 밝힌 것입니다.

대한민국은 온 국민이 참여한 선거를 통하여 헌법을 제정하고 정부를 구성했습니다. 그러나 북한은 소련 공산당 정권에 의하여 지명된 김일성이 국민의 의사와 관계없이 정부를 구성했습니다. 이 차이가 국가 및 정권의 정당성과 정통성을 가르는 분기점分岐點입니다. 북한이 정통성 없는 소련의 괴뢰 정부일 수밖에 없었던 이유입니다. 유엔도 대한민국을 한반도 유일의 합법 정부로 인정했습니다.

우리 선조들과 윗세대가 조선왕조 시대와 일제의 식민지배만을 경험했음에도 이처럼 온 국민이 참여하는 총선거를 실시하고 자유민주주의, 시장경제와 함께 사회적 연대를 지향하는 훌륭한 헌법을 제정한 것은 기적과 같은 일입니다. 오늘 우리가 누리는 번영의 출발점입니다. 그 선배들의 노고에 감사하고 제정된 헌법에 감사해야 합니다. 그러나 제헌헌법이 공포된 7월 17일을 기념하는 제헌절은 5대 국경일 가운데 유일하게 공휴일이 아닙니다. 2005년 주5일제 시행과 관련하여 공휴일을 재조정하는 과정에서 공휴일에서 제외된 결과입니다.

지난 월요일 제헌절 행사도 국회 로텐더 홀에서 열렸습니다. 너무 조촐하다는 느낌을 지울 수 없습니다. 자라나는 세대에 대한 교육 관점에서도 유감스러운 일입니다. 헌법의 의미나 가치를 생각한다면, 제헌절은 이처럼 가볍게 취급받아서는 안 되는 날입니다.

2023. 7. 22.

예술 기행 2박 3일

오사카시립동양도자미술관大阪市立東洋陶磁美術館은 이름 그대로 한·중·일 3국의 도자기를 다량 소장하고 있는 일본 오사카 소재 미술관입니다. 한국 도자기만도 1,100여 점에 이릅니다. 엄청난 양입니다. 아타카安宅와 이병창이라는 두 분 수집가가 모은 것을 기부했다고 합니다. 지난봄 리움미술관이 특별전 〈조선의 백자, 군자지향君子志向〉을 개최했을 때 일본의 여러 미술관이 소장하고 있는 한국 도자기를 빌려주었지만, 그 가운데 동양도자미술관 소장품이 가장 많았습니다.

이처럼 다른 미술관이나 개인이 소장하고 있는 작품을 빌려와 전시하는 경우, 임차료를 지급하지 않고 다만 파손이나 분실에 대비하여 보험에 가입하고 보험료를 지급할 뿐입니다. 빌려주는 측에서는 특별한 이득은 없이 오히려 위험만 부담하는 것이어서, 미술관 상호 간 신뢰를 바탕으로 한 협력 관계가 중요합니다.

'조선의 백자' 특별전이 종료되어 빌려 온 도자기를 모두 반환한 지난 6월 감사 인사차 동양도자미술관을 방문했습니다. 그리고 2025년 오사카에서 열리는 세계박람회에 때를 맞춰 리움미술관과 동양도자미술관이 공동으로 '한국 분청사기粉靑沙器' 전시를 개최할 예정이어서 친선 협력 관계를 더욱 돈독히 할 필요도 있었습니다.

마침 동양도자미술관이 대수리로 휴관이었으나, 한국 도자기 몇 점을 꺼내 와 보여 주었습니다. 금강산 일만이천봉과 산속 암자에서 공부하는 깨알만 한 크기의 스님 모습을 형상화한 연적硯滴 등 재미있고 귀여운 우리 선조들의 작품이었습니다. 모리야 마사시 관장은 우리와의 교류에 관심을 보이며 장차 협력을 다짐했고, 우리 일행을 만찬에 초대하여 후하게 대접했습니다.

그런데 동양도자미술관에는 한국 여성 한 분이 학예원으로 근무하고 있었습니다. 그는 한국에서 나고 자라 대기업에서 근무하다가 30세 때, 그분 표현대로 말하자면 "회사를 때려치우고" 일본으로 건너가 교토 리츠메이칸대학에서 공부한 뒤 동양도자미술관에 취업했습니다.

취업 면접 당시 미술관 관장은 근무하다가 적당한 시기에 한국으로 돌아갈 것인지 아니면 이곳에서 뼈를 묻을 각오로 근무할 것인지를 물어, 일본에 뼈를 묻을 각오로 일하겠다고 답하였답니다. 많은 일본인 경쟁자보다 우수했기에 그를 채용하고 싶었겠지만, 한국인이고 곧 귀국하지 않을까 하는 걱정이 들었으나 그의 단호한 답변에 안심하고 채용했을 것 같습니다. 그로부터 15년이 지났으니 그분은 약속을 지키며 열심히 근무하고 있고, 관장의 결단은 헛되지 않았던 것 같아 흐뭇했습니다.

오사카 출장을 마치고 나오시마直島를 방문했습니다. 나오시마는 일본 혼슈와 시코쿠 사이의 세토 내해內海에 자리 잡고 있는 인구 3천 명, 면적 9제곱킬로미터 남짓한 작은 섬입니다. 출판업자이자 문화사업가인 후쿠다케 소이치로와 건축가 안도 다다오가 1990년대 초 활력을 잃어 가는 나오시마를 예술의 섬으로 개발하는 프로젝트를 시작하여 이제는 한 해 100만 명 가까운 관광객이 찾아오는 세계적 명소가 되었습니다. 그 작은 섬에 베네세하우스 뮤지엄, 지추地中미술관과 이우환미술관 외에도 밸리갤러리 등 3개의 갤러리가 있습니다. 항구에 도착하자마자 만나는 구사마 야요이의 빨간 호박 등 예술작품을 섬 곳곳의 야외에서도 만날 수 있습니다.

이곳에서는 호텔, 레스토랑과 미술관이 함께 묶여 있어 미술관이 밤늦게까지 개방되는 독특한 시스템으로 운영됩니다. 그 밖에도 폐가를 활용한 '이에家 프로젝트Art house project' 등 다양한 예술 프로젝트들이 진행되고 있었습니다.

그런데 지금은 사람들 눈에 띄지 않는 것 같지만 장래의

구사마 야요이의 설치작품 '호박'.

모습이 흥미로운 프로젝트 하나를 만났습니다. 안도 다다오의 '사쿠라의 미궁迷宮'이라는 이름의 프로젝트입니다. 바둑판처럼 종횡으로 연결되는 여러 선線이 만나는 지점에 벚꽃나무를 심는 작업입니다. 아직은 나무가 크게 자라지 않아서 별로지만 촘촘히 심긴 나무가 자라 울창해지면 벚꽃나무가 서로 연결되며 피어난 벚꽃은 하늘을 가리고 나무들은 마치 이를 떠받치는 기둥처럼 보일 것 같습니다. 신비한 벚꽃나무 궁전을 만들어 많은 관광객을 불러들일 것 같습니다. 지금이라도 우리도 한번 시도할 만한 작업이라는 생각이 들었습니다.

예술은 아이디어 경쟁이자 한 지역을 살릴 수 있는 중요한 산업임을 확인하고, 또한 '사쿠라의 미궁'처럼 시간의 흐름도 예술작품을 만들어 내는 한 요소라는 재미있는 생각을 해 본 나오시마 여행이었습니다.

2023. 8. 12.

그 시절 학교 풍경

얼마 전 부임 2년 차 젊은 초등학교 여교사가 극단적 선택을 했습니다. 학생지도나 학부모 응대 등 과정에서 겪은 감당할 수 없는 괴로움 때문으로 보입니다. 지난 7월 29일 오후 2시에는 전국 교사 3만여 명이 땡볕 속에서 검은 상복喪服을 입고 광화문 앞거리에 모여 '교육권 보장'을 외치고, '악성민원'에 시달리는 고통을 호소한 이래, 매주 토요일마다 집회가 계속되고 있습니다.

그동안 참아 왔던 울분의 표출입니다. 이 사건이 단순 우발적인 일회성 사건이 아니라 우리 사회가 안고 있는 구조적 문제를 드러낸 사건임을 보여 줍니다. 교육부, 현장 교육자, 학부모와 시민사회 등이 협력하여 과거와 현재를 점검하고 반성하여 나름대로 해결 방안을 마련하겠지만 쉽지 않은 문제입니다. 우리 사회가 발전하는 과정에서 굳어져 버린 공동체 구성원의 인식 및 행태와 관련된 문제이기 때문입니다. 어쩌다 우리 사회가 이 지경이 됐는지 하는 안타까운 마음속에 불현듯 떠오르는 옛날 일들이 있습니다. 그것들이 오늘 우리가 안고 있는 문제 해결책의 출발점일지도 모르겠습니다.

1950년대 후반의 이야기입니다. 4월에 신학기가 시작했고, 봄꽃도 하나둘 피어납니다. 당시는 3월이 아닌 4월이 새 학년의 시작이었습니다. 새로 만나는 담임선생님과 급우들은 모두 새로운 시작에 마음이 설레었습니다.

학기 초 담임선생님은 반 학생 전원의 가정을 차례로 방문했습니다. 학생들의 가정환경을 파악하여 생활지도 등 교육에 참고하기 위한 가정방문입니다. 지금 같으면 사생활 보호 등의 문제로 환영받지 못했을 것이지만 그때는 당연한 것으로 받아들여졌습니다. 선생님이 방과 후 1번 학생 집을 방문하면 1번 학생은 2번 학생 집을 알아 두었다가 선생님을 그 집으로 안내하고, 2번 학생은 3번 학생 집으로 순차하여 안내하는 방식으로 상당 기간에 걸쳐 진행되는 가정방문입니다.

선생님의 방문에 맞추어 어머니들은 집 안을 청소하고 소박하나마 정성껏 다과도 준비하여 선생님을 맞았습니다. 저는 우리 집 방문을 마친 선생님을 A군의 집으로 안내했습니다. 그런데 원래 제가 그 친구 집으로 안내하는 순서가 아니었습니다. 제가 선생님을 B군의 집으로 안내하면 B군이 A군의 집으로 안내하는 그런 순서였지만, A군은 순서를 바꾸어 저더러 자신의 집으로 안내해 달라고 부탁했습니다. A군은 천변 판잣집에서 할머니와 둘이서 살고 있었습니다. A군은 그 사실을 한사코 숨기고 싶었기에 그런 사정을 이미 알고 있는 저에게 안내를 부탁한 것입니다.

어느 날 그 집 앞을 지나던 중 우연히 누추한 그 친구의 집을 들여다보았다가 그 친구와 눈이 마주쳤습니다. 그 순간 난처해하는 친구의 표정에 더욱 난처해진 것은 저였습니다. 그 후로 저는 그 친구의 바람대로 그 비밀을 지켜 주는 가까운 친구가 되었습니다. A군 집으로 향하며 선생님께 조심스레 순서가 바뀐 경위를 설명했습니다. 선생님은 저를 흘낏 보시고 살포시 웃으셨습니다.

그의 어머니는 돌아가시고 아버지는 돈 벌러 서울로 떠난 뒤 소식이 끊겼습니다. 친구는 방과 후 가끔 광주역으로 가서 서울에서 오는 기차를 기다리다가 기차에서 내린 승객들이 저마다 목적지로 흩어지는 모습을 전부 보고서야 집으로 돌아가곤 했습니다. 부질없는 짓인 줄 알면서도 그렇게라도 하는 것이 그 친구에겐 위로가 되었던 것 같습니다. 저도 가끔 그를 따라 기차역에 나가기도 했습니다.

가정방문에서 얻은 정보는 알게 모르게 선생님의 학급 운영에 반영되었습니다. 선생님은 소풍날에 부잣집 아이들이 선생님 몫으로 으레 가져오는 도시락 대신에 과일, 과자 등을 가져오도록 했습니다. 이것들은 모두 가난한 아이들 몫이었습니다.

그때는 학교와 가정, 선생님과 학부모 및 학생 사이에 상호 존경과 신뢰가 있었습니다. 학생 인권, 교권敎權이라는 말도 없었습니다. 거칠게 항의하고 고소하는, 그런 일도 없었습니다. 학교 안에서 일어난 일은 공동체 내에서 원만하게 해결되고 처리되었을 것입니다.

생각해 보면 지금보다 훨씬 따뜻하고 좋은 시절이었습니다.

2023. 8. 19.

니컬러스 효과

오래전 일입니다. 일곱 살 미국 소년 니컬러스 그린은 가족과 함께 이탈리아 여행 중 강도의 습격으로 머리에 총상을 입고 뇌사 상태에 빠졌습니다. 니컬러스의 부모는 심장, 신장, 간, 췌장 등 장기와 각막을 네 청소년을 포함한 7명의 이탈리아 사람에게 기증했습니다. 이 소식이 알려지자 이탈리아, 미국은 물론 온 세계가 감동하며 그 내용을 앞다투어 보도합니다.

어느 주교님은 "가장 힘들고 고통스러운 슬픔을 마음의 평정을 유지하며 품위 있게 이겨 냈을 뿐 아니라, 자신과 가족의 비극을 이탈리아와 전 세계에 용기와 인류애를 전하는 모범적인 계기로 승화시켰다"라고 칭송했습니다. 이 일로 장기기증자가 급격히 증가하였을 뿐 아니라 사회 전체적으로 인간 사랑의 심성을 되살리는 계기가 되었습니다.

이탈리아인들은 이것을 '니컬러스 효과l'effetto Nicholas'라고 불렀습니다. 미국이나 다른 선진국에서도 이탈리아에서와 같은 일들이 유행처럼 번져 나갔습니다.

얼마 전 고려대에 재학 중이던 24살의 이주용 씨가 기말시험을 마치고 집에 돌아와 방으로 들어가던 중 갑자기 쓰러져 뇌사 상태에 빠졌습니다. 이 씨가 다시는 깨어날 수 없다는 의료진의 말을 들은 유족은 고인이 어디에선가도 살아 숨 쉬길 바라는 심정으로 장기기증을 결심하여, 이 씨는 심장, 폐, 간, 좌우 신장과 췌장, 좌우 안구를 6명에게 기증하고 세상을 떠났습니다. 이와 같은 장기기증은 우리 사회에서도 이어지고 있습니다.

이처럼 장기기증은 타인의 생명을 살리는 고귀한 사랑의 실천입니다. 또한, 장기이식 관련 의술이 발달함으로써 장기이식으로 새 생명을 얻는 사람이 늘어나게 되었습니다.

그러나 2017년 기증자의 시신 처리 미흡을 둘러싼 언론의 부정적 보도로 인해 장기기증에 대한 부정적 인식이 확산하여 장기기증이 줄어들었고 이후 사정이 크게 개선되지 않고 있습니다. 그렇지만 이식 대기자는 빠른 속도로 늘어나는 추세입니다. 현재 우리나라의 장기이식 대기자는 약 5만 명에 이르고 기증자 수는 대기자의 10%에도 미치지 못합니다. 장기이식만을 기다리다 죽음을 맞는 환자와 그 가족들의 고통은 이루 형언할 수 없는 형편입니다. 선진 외국들에 비하면 아쉽고 부족한 수치입니다. 장기기증 운동이 더욱 활발해져야 하는 이유입니다.

장기기증을 활성화하여 생명 존중의 사회로 나아가기 위하여 더욱 노력해야 합니다. 그러한 노력 가운데 하나가 기증자와 그 유가족을 예우하고 돌보는 일입니다. 우선 기증자들의 희생을 기리기 위하여 작은 공원을 만들어 그곳에 기증자의 이름을 새긴 조형물을 세울 필요가 있습니다. 이곳이 자라나는 세대를 비롯한 시민들의 교육의 장場이 되도록 하고, 유족도 수시로 찾아와 위로를 받을 수 있도록 하는 것입니다. 대부분 선진 외국에는 이런 시설이 있으나, 우리나라의 경우 순천만 생명 나눔 주제 정원과 몇 개 병원의 추모 벽이 전부입니다. 선진국 대열에 들어선 우리에게 걸맞지 않은 모습입니다.

또한, 기증자 유가족은 사랑하는 가족과 갑작스러운 이별로 인해 심각한 트라우마와 심적 고통을 겪습니다. 이를 치유해 유가족이 조속히 사회에 복귀하고 정상적 삶을 영위할 수 있도록 심리치료 프로그램을 제공해야 합니다.

한편 장기이식 수혜자도 기증자를 알 수 없어 고마움을 표하지 못해 때로 괴로워합니다. 그리하여 유가족과 이식 수혜자가 단체로 만나 아픔을 공감하고 감사를 표현하는 것도 효과적인 힐링 방법입니다. 이를 위하여 전국 각지에서 모인 기증자 유가족, 이식 수혜자, 기증 서약자, 유관기관 관계자들이 함께 모여 합창하고 공연도 하는 것도 힐링 방법 중 하나가 될 수 있습니다.

이러한 취지에서 '생명의 소리 합창단'이 만들어졌습니다. 이 합창단을 통해 많은 사람이 위로를 받습니다. 6년 전 이런 일들을 수행할 것을 목적으로 '재단법인 한국기증자유가족지원본부'가 설립되었습니다. 저는 장기이식 수술 권위자로서 장기기증 활성화를 위해 애쓰는 서울대 의대 하종원 교수의 권유에 따라 그 일을 돕고 있습니다. 합창단 운영 외에도 유가족 심리치료 프로그램, 기증자 기념 공원 조성 등 할 일이 많지만, 아직 성과를 내지 못하고 있습니다.

우리 사회가 함께 해 나가야 할 일입니다.

2023. 8. 26.

국민을 위한 법관 인사제도

1980년대 초 법원에서 있었던 일입니다. 법관의 근무 실적을 평가하기 위한 '법관 근무평정제', 즉 매년 말 법원장이 소속 법원 판사들을 평가하여 이를 대법원장에게 보고하는 제도를 도입한다는 소식이 들렸습니다.

젊은 법관 몇 사람이 법원행정처 차장을 찾아가 조심스럽게 반대 의견을 개진했습니다. 법관에 대한 근무 평가제도는 법관들을 심리적으로 위축시켜 법률과 양심에 따른 독립된 재판을 저해할 우려가 있어 그 도입이 부당하다고 주장하였습니다.

차장은 젊은 법관들에게 제도 도입의 취지를 자세히 설명했습니다. 지금은 법관 수가 수백 명에 지나지 않으니까 상급심에 올라 온 판결문 등 재판 기록이나 평판을 통해 법관들을 평가할 수 있으나, 장차 법관 수가 급증할 테니 미리 자료를 확보해 두어야 공정한 인사를 할 수 있다는 것이었습니다. 한두 해의 근무평정 자료는 반드시 정확하다고 할 수는 없겠지만, 10년이나 20년 이상 쌓인 자료는 객관적인 소중한 인사 자료가 될 것이라는 취지였습니다.

그러한 객관적 자료가 없다면 인사권자의 자의적이거나 불합리한 요소에 의하여 인사가 이루어질 가능성이 그만큼 커지는 것은 당연합니다. 당시 일본이나 독일에서는 이미 유사한 근무평정을 하고 있었습니다. 그리하여 우리나라에서도 '법관 근무평정제도'가 도입되었습니다.

이렇게 도입된 근무평정제도는 법원의 공정 인사에 귀중한 자료로 활용되었습니다. 인사권자가 어떻게 할 수 없는 좋은 의미의 굴레로 작용했습니다. 법관들이 근무평정을 의식하면서 재판을 할 리는 없지만, 그래도 알게 모르게 자신의 자세를 바로잡는 긍정적 역할을 했습니다. 이는 당연히 국민의 이익으로 돌아가는 일입니다.

과거 법원에서 지방법원 부장판사까지는 특별한 사유가 없는 한 연공서열 순서대로 승진하고, 고등법원 부장판사 승진 시 비로소 사실상 최초의 심사에 의한 승진이 이루어졌습니다. 고등법원 부장판사 자리가 한정되어 있기 때문입니다. 자리가 부족하여 승진하지 못하지만 유능한 법관들이 마지못해 법원을 떠나거나, 계속 근무하더라도 사기가 저하

되는 일이 생기는 것은 안타까운 일입니다. 국가적으로도 손실입니다.

법관은 가능한 한 법관직을 천직天職으로 알고 승진 등에 괘념치 않고 정년까지 근무하는 것이 바람직합니다. 그래야 이른바 전관예우라는 부끄러운 말도 사라지고, 법원의 품격과 함께 법원에 대한 국민의 신뢰도 높아질 것입니다. 그래서 저는 당시 법원행정처 실무자로서 대법원장께 건의하여 정부 예산 당국의 협조를 얻어 '법관 단일호봉제'를 도입했습니다.

단일호봉제는 근속 연수에 따라 처우가 정해지는 급여 체계입니다. 이는 고등법원 부장판사 자리에 공석이 생기면 희망자의 신청을 받아 신청자 가운데 심사를 거쳐 그 자리를 채우되, 법관의 처우는 근속 연수에 따라 정함으로써 고등법원 부장판사 자리가 승진 대상이 아니라 하나의 보직에 지나지 않도록 하는 형식을 취하여 제도적으로는 승진 탈락이라는 일이 생기지 않도록 하기 위함이었습니다.

실제로 지방법원 부장판사로 평생을 봉직하고자 하는 법관도 많았습니다. 그래서 다소 시간이 걸리더라도 이 제도가 정착되었다면 우수한 고등법원 부장판사를 확보하면서도 법관의 퇴직이나 사기 저하를 최소화할 수 있었을 것입니다.

그러나 지금 대법원은 아예 고등법원 부장판사 승진제도를 폐지했습니다. 승진제도에 따른 법관 사이의 위화감을 없애고 그 부작용을 없앴다는 명목 때문입니다. 그러나 그에 따라 열심히 하여 제도적이건 사실상이건 승진하고자 하는 법관의 자기 성취 의욕 및 동기도 상당 부분 꺾이는 결과를 불러왔습니다. 경쟁도 없어졌습니다. 그 틈새를 정실情實이 파고들 여지가 생겼습니다.

더욱이 법원장도 법관들의 사실상 선거에 의하여 선출되다 보니 법원장이 법관을 선의로 지도하거나 감독하기 어려워졌습니다. 이와 같은 제도 개선이 재판을 지연하는 등 부작용을 초래하고 있습니다.

선의의 경쟁, 올바른 평가와 승진 그리고 합리적 지도·감독이 이루어지지 않는다면, 그에 따른 피해는 국민의 몫이 될 수밖에 없습니다.

2023. 9. 2.

나의 여름휴가

여름 휴가철도 지나갔습니다. 지인들이 저를 만나면 인사로 "어디 좋은 곳에 휴가라도 잘 다녀왔느냐"라고 묻습니다. 그러면 "날마다 휴가나 마찬가지인데 따로 휴가 갈 필요가 있나요" 하고 웃으며 대답합니다. 장난기 섞인 대답이지만 사실입니다.

휴가 명목으로 해외나 국내 명승지를 찾아 떠나는 것은 별로 내키지 않습니다. 나이 탓인지 모르겠습니다. 다행히 아내도 제 생각과 크게 다르지 않습니다. 그 대신 일을 겸해 하루나 이틀 정도 가볍게 국내 여행을 하는 것이 휴가 못지않게 즐겁습니다. 잠깐의 일 자체가 보람 있는 일이면 더욱 그렇습니다.

전남대에서 열리는 '삼성 드림클래스 여름캠프' 개막식

참석을 하루 앞두고 순천 송광사松廣寺에 갔습니다. 젊은 시절 가끔 찾던 곳이지만 마지막 갔던 때로부터 세월이 많이 흘렀습니다. 이번에는 송광사가 7천여 개의 경판經板을 소장하고 있다는 소식을 듣고, 송광사 성보박물관장님에게 경판 등 소장 유물에 대한 설명을 듣는 한편 법정 스님이 수행한 불일암佛日庵도 둘러볼 요량으로 송광사를 찾았습니다. 경판은 합천 해인사의 팔만대장경이 유명하지만, 송광사 소장 경판도 중요한 문화유산입니다. 팔만대장경은 고려시대 국가 주도로 만들어졌지만, 송광사 경판은 조선 초기 사찰과 민간이 힘을 합쳐 만들었다는 점에서 또 다른 의미가 있습니다.

방장方丈 스님을 뵙고 담소를 나누었는데, 호암미술관에서 열리고 있는 '김환기 특별전'과 관련하여 김환기 화백의 예술 세계에 대한 흥미로운 평가를 들은 것이 인상적이었습니다. 아무튼 오랜만에 다시 찾은 송광사, 옛 추억이 되살아나서 좋았습니다.

다음 목적지는 국립광주박물관이었습니다. 송광사에서 남해고속도로를 타고 광주로 가는 게 편리한 지름길이지만, 저는 운전기사분에게 고속도로 대신 화순을 거쳐 광주로 가자고 부탁했습니다. 7월에 내린 비로 물이 가득 찼을 주암호와 붉은 꽃이 만개했을 배롱나무 가로수가 보고 싶었기 때문입니다. 송광사 여행이 정해졌을 때 맨 먼저 떠오른 것이 주암호와 배롱나무 가로수였습니다.

배롱나무는 여름 내내 100일 정도 꽃을 피웁니다. 주로 정자나 선비들의 정원에 심었지만, 오늘날 전남 지방에서는 가로수로 심기도 합니다. 어릴 적 제 고향 마을에 있던 정자 요월정邀月亭에 흐드러지게 핀 배롱나무에 얽힌 추억 때문에 여름날이면 배롱나무가 보고 싶습니다.

광주에서 다음 날 일정은 오후에 잡혀 있었으므로 오전에는 국립아시아문화전당을 찾아 전시를 관람했습니다. 함께 간 일행 중 한 분이 소쇄원瀟灑園에 아직 가보지 않았다 하여 시간을 쪼개어 그곳을 방문했습니다. 나머지 일행은 이미 방문했지만, 소쇄원은 몇 번이고 다시 가도 좋은 곳이라며 모두 함께 갔습니다. '소쇄瀟灑'는 맑고 깨끗하다는 뜻의 옛날 말이라지만 이만큼 많은 획수를 가진 글자는 없을 것 같다는 엉뚱한 생각을 했습니다.

비가 그친 뒤 떠오르는 달을 감상한다는 뜻을 가진 제월당霽月堂 툇마루에 앉아 계곡 물소리를 들으며 비 그친 후 떠오르는 달을 상상해 보다가 다음 일정 때문에 표표히 그곳을 떠나왔습니다.

오후에는 전남대에서 열린 행사에 참석했습니다. '드림 클래스' 사업은 가정 형편이 넉넉하지 않거나 지역적으로 외진 곳에 사는 중학생들과 장학생으로 선발된 대학생을 각각 멘티와 멘토로 연결하여, 학습을 도와주고 진로 지도도 하는 프로그램입니다. 평소에는 주로 온라인으로 진행하지만, 방학에는 3박 4일 동안 함께 기숙하며 다양한 공부를 합니다. 아이들은 가정을 떠나 친구들을 사귀고 대학생들로부터 지도받고, 대학생들은 아이들을 지도함으로써 봉사를 경험하게 됩니다. 캠프가 끝나고 헤어질 때면 서로 껴안고 작별을 아쉬워하며 울기도 한다고 합니다.

저는 짧은 격려사에서, 중학생 여러분은 부모를 떠나 생활해 보는 드문 기회일 텐데, 친구들과 즐겁게 지내는 것은 물론 대학생 형들에게 궁금한 것은 주저함이 없이 질문할 것을 당부했습니다. 그러면서 4일 후 캠프가 끝날 때는 여러분의 키가 훨씬 커져 집에 돌아갈 것이라고 격려했습니다.

일은 조금 하고서 송광사, 화순 배롱나무 가로수, 담양 소쇄원의 운치를 즐기고, 국립광주박물관과 아시아문화전당을 관람하고 이에 더하여 남도 음식을 즐겼으니, 이만하면 남부럽지 않을 여름휴가라 할 만합니다.

2023. 9. 9.

용서에 인색한 사회

서기관과 바리새인들이 간음하다 잡힌 여자 한 사람을 예수께 데리고 와 "선생이여, 이 여자가 간음하다가 현장에서 잡혔나이다. 모세는 율법에 이러한 여자를 돌로 치라 명하였거니와 선생은 어떻게 말하겠나이까?" 하고 묻습니다.

그들은 예수께 올가미를 씌워 고발할 구실을 찾으려고 이런 질문을 한 것입니다. 돌로 치라고 하는 경우 자신이 가르친 사랑과 용서의 정신에 반할 뿐 아니라 이처럼 사적으로 형벌을 가함으로써 로마제국 법률을 위반하는 것이 되고, 치지 말라고 하는 경우 모세의 율법을 어기는 것이 됩니다. 어느 쪽이든 문제가 되는 난처한 상황입니다.

예수께서는 대답하지 아니하고 몸을 굽혀 손가락으로 땅바닥에 무엇인가 쓰고 계셨습니다. 그들이 대답을 재촉하므로 예수께서는 고개를 드시고 "너희 중에 죄 없는 자가 먼저 돌로 치라" 하시고 다시 몸을 굽혀 계속해서 땅바닥에 무엇인가 쓰셨습니다.

세상을 살면서 전혀 죄를 짓지 않는 사람은 없고, 그런 사람들이 있다고 한들 유대교 및 기독교에서는 모든 인간이 원죄를 가지고 태어난다고 보기 때문에 교리상으로 죄 없는 사람은 존재하지 않습니다. 그들은 이 말씀을 듣고 양심에 가책을 느껴 어른부터 시작하여 젊은이까지 모두 떠나갔고, 예수님과 여자만이 남았습니다.

예수께서 일어나서 그 여자에게 "너를 고발하던 그들이 어디 있느냐. 너를 정죄定罪한 자가 없느냐. 나도 너를 정죄하지 아니하노니 가서 다시는 죄를 범하지 말라"라고 말씀합니다. 성경 요한복음 8장에 나오는 그 유명한 '간음한 여인' 이야기입니다.

짧지만 강렬한 메시지를 담고 있습니다. 그 구성도 완벽합니다. 특히 예수께서 군중의 재촉에도 대꾸하지 않고 한참 동안 땅바닥에 무엇인가를 쓰신 것과 관련하여, 무엇을 쓰셨으며 왜 그렇게 하셨는지 궁금증을 유발하여 메시지 효과를 극대화하는 역할을 하고 있습니다.

성경에는 땅에 무언가를 쓰신 것에 대한 구체적 언급은 없습니다. 어떤 성경학자는 예수님이 땅에 쓴 것이 이스라엘의 율법이나 성서의 구절이었을 수도 있다고 하지만 꼭 알아내야 할 것은 아닌 것 같습니다.

여인에게, 그리고 정죄하고자 하는 군중에게 각자의 죄에 대하여 생각해 보도록 시간적 여유를 주기 위함이었을 것입니다. 나아가 예수께서 여인의 죄를 비난하지 않고, 대신 예수님의 존재와 말씀을 통해 그녀를 구원하는 데에 고마움을 느껴 다시는 죄를 짓지 않겠다는 다짐을 하게 만들고, 인간은 모두 용서를 받아야 할 존재임을 깨닫게 하기 위함이었을 것입니다.

오늘날 우리 사회에서 사회적으로 비난받을 일을 저지른 사람에 대한 비난이 집단으로 행해지는 경우가 많습니다. 마치 "너희 중에 죄 없는 자가 먼저 돌로 치라"는 예수님 말씀에 따라 돌로 치지 않는 경우, 죄 있는 자로 간주될 것을 우려한 탓이라는 우스개가 있을 정도입니다.

어차피 세속 원리가 지배하는 세상에서 잘못을 지적하고 그에 합당한 책임을 묻는 것은 당연하고 또 필요하지만, 그 정도가 지나쳐 적정한 균형을 깨트리거나 그 과정에서 여론이 너무 거칠어지는 경우도 생깁니다. 오래전의 잘못에 나름대로 반성하고 사죄했음에도 용서하거나 관용하지 못하고 계속 추궁하며 필요 이상으로 단죄하는 세상이 반드시 정의로운 것은 아닌 것 같습니다.

병역 의무를 피하려 미국 시민권을 얻었다가 한국 입국이 제한된 가수 유모 씨가 거듭 제기한 비자발급거부처분 취소

소송에서 최근 법원은 "병역 기피 목적으로 외국 국적을 후천적으로 취득해 대한민국 국적을 상실한 사람에 대해서는 원칙적으로 체류 자격을 부여해서는 안 되지만, 그가 38세가 넘었다면 체류 자격을 부여해야 한다"며 원고 승소 판결을 하였습니다.

재판부는 "원고에 대해 사회적 공분公憤이 일어나 20년이 넘은 지금도 '병역을 기피한 재외 국민 동포의 포괄적 체류 자격을 허용해서는 안 된다'는 목소리가 나오고 있다"라고 하면서도 "유 씨가 법정 연령인 38세를 넘겼다면 특별한 사정이 없으면 체류 자격을 부여해야 한다"고 판단했습니다. 재판부가 법적 판단과 용서에 인색한 세상인심 사이에서 고심한 흔적이 엿보이는 대목입니다.

때로는 용서하고 관용하는 사회가 아름답고 좋은 사회입니다.

2023. 9. 16.

눈물

더러는
옥토에 떨어지는 작은 생명이고저…
흠도 티도,
금 가지 않은
나의 전체는 오직 이뿐!
더욱 값진 것으로
드리라 하올 제,
나의 가장 나아종 지니인 것도 오직 이뿐!
아름다운 나무의 꽃이 시듦을 보시고
열매를 맺게 하신 당신은
나의 웃음을 만드신 후에
새로이 나의 눈물을 지어 주시다.

김현승 시인의 시 〈눈물〉의 전문입니다. 시인은 눈물을 가리켜 "옥토에 떨어지는 작은 생명"이라고 노래했습니다. 시인에게 눈물은 단순한 생리적 분비물이 아니었습니다. 씨앗이 "더러는 좋은 땅에 떨어지매 어떤 것은 백 배, 어떤 것은 육십 배, 어떤 것은 삼십 배의 결실을 하였느니라"라는 성경 말씀(마태복음 13장 8절)에서 영감을 얻은 듯, 눈물은 옥토沃土(좋은 땅)에 떨어져 마침내는 큰 열매를 맺게 할 생명의 표상이었습니다.

또한, 시인은 눈물을 사소한 그 무엇이 아니라 소중한 "나의 전체"이자 마지막까지 간직해야 할 가치인 "나의 가장 나아종 지니인 것"이라고 노래했습니다.

이 시는 어린 아들의 죽음을 겪은 시인이 그 슬픔을 극복하고, 인간 존재의 유한성을 넘어 종교적 세계로 나아가려는 내면을 형상화한 작품이라지만, 우리에게도 슬픔과 상처를 넘어 순수와 치유의 세계로 인도하는 눈물의 의미를 다시 생각하게 합니다.

눈물은 순수합니다. 자신이 개인적으로 슬프고 고통스럽거나 억울할 때 흘리는 눈물보다는 다른 사람을 연민하고 그에 공감할 때 흘리는 눈물은 더욱 그렇습니다. 눈물은 슬픔의 산물이지만 그에 그치지 아니하고 우리를 겸손케 하며 성스럽게까지 합니다.

총리로 재직할 당시, 언론은 저에게 별명을 여러 개 붙여 주었습니다. 대표적인 것이 '이슬비 총리'와 '울보 총리'였습니다. 심지어 퇴임 무렵 인터뷰를 한 어느 신문은 제목을 "굿바이, 울보 명재상名宰相"이라고 달았습니다. 공직을 마치는 연배의 사람에게 '울보'라니, 좀 민망했습니다. 그러나 국민에게 공감했던 총리라고 평가해 주는 것이라고 바꿔 생각해 보니 큰 칭찬이겠다 싶었습니다.

신문이 그런 제목을 붙인 것은 총리 재직 중 보인 몇 번의 눈물 바람이 알려진 탓입니다. 그러나 남이 보기에는 선뜻 이해되지 않는 장면도 몇 차례 있었습니다. 말하자면 뜬금없는 눈물입니다. 그러나 나름대로 이유는 있었습니다. 그 한 예입니다.

2011년 1월 남미 파라과이를 방문했습니다. 그곳 한국학교를 찾았을 때 학교 측에서 얼마 전에 개최된 학예회 영상을 보여 주었습니다. 색동옷을 입은 작은 아이들의 재롱부터 큰 아이들의 태권도 시범까지 다양한 공연이 담겨 있었습니다. 파라과이는 1960년대 우리보다 훨씬 잘사는 나라였던지라 한국의 많은 이들이 농업 이민을 갔던 곳입니다. 그러나 지금은 우리가 훨씬 잘살고 있습니다. 재주 있는 사람들은 미국 등지로 빠져나갔지만, 그대로 주저앉아 어려운 여건에서 살고 있는 그들이 안쓰러웠습니다.

학예회 영상을 보고 있노라니 많은 교민, 선생님과 학생들이 조국을 그리워하며 함께 준비하는 모습이 떠올랐습니다. 모두 모여 명절을 준비하던 우리네 옛적 그 모습입니다.

동영상이 끝나고 제가 인사말을 할 차례가 되었습니다. 그런데 갑자기 목이 메어 말을 할 수 없었습니다. 침묵의 순간이 길어졌습니다. 사람들이 의아해하며 저를 쳐다보았습니다. 제 감정을 들키지 않고 인사말을 해야 한다고 다짐하는 순간 울음이 터져 나왔습니다. 가까스로 마음을 추스른 뒤 다음과 같은 말을 이어나갔습니다.

"이역만리 어려운 여건 속에서 서로 도우며 살아가는 여러분 감사합니다. 더욱이 우리 아이들이 조국을 잊지 않도록 잘 교육해 주셔서 더욱 고맙습니다. 앞으로 서로 단합하여 파라과이 사회 구성원으로서 당당하게 잘 살아가시기 바랍니다. 대한민국도 여러분을 잊지 않고 도울 것입니다."

이 일을 어느 신문이 "파라과이 한인 학교에서 학예회 비디오 보다가 울어 버린 김 총리"라는 제목으로 보도했습니다. '울보 총리'라는 별명의 시작이었습니다.

2023. 9. 23.

"그분, 천국에 가셨겠네!"

추석 다음 날 아침, 김연준 신부님에게 문자 한 통을 받았습니다. 소록도에서 봉사하셨던 마가렛 피사렉Margaret Pissarek 간호사께서 급성 심장마비로 추석날 오후 오스트리아에서 향년 88세를 일기로 돌아가셨다는 소식이었습니다. 저는 곁에 있던 아내에게 그 소식을 전했습니다. 아내는 혼잣말로 "그분, 천국에 가셨겠네!"라고 중얼거렸습니다.

오스트리아 출신의 두 간호사 마리안느 스퇴거Marianne Stöger와 마가렛 피사렉은 인스브루크 간호학교를 졸업하고 1960년대 초반 꽃다운 나이에 한국에 온 뒤 소록도에서 40년 이상 한센인을 위해 헌신하며 봉사하다가 2005년 11월 지인들에게 편지 한 통만을 남기고 조용히 고향 인스브루크로 돌아갔습니다.

이제 자신들은 나이가 70세를 넘어서 소록도 사람들에게 불편을 줄 뿐 도움이 되지 못하며, 그동안 한국이 많이 발전하여 의료 인력이나 의약품도 충분히 갖추어져 있기에 '천막을 접고' 슬프고도 기쁜 마음으로 이별을 고한다는 내용이었습니다.

그들은 오스트리아 평신도 재속회在俗會인 '그리스도 왕 시녀회'에 입회하여 일생을 독신과 청빈을 지키며 타인들을 도우며 살겠다고 다짐한 간호사일 뿐 수녀는 아니었습니다. 그들은 서원誓願대로 간호사로 가장 낮은 곳에서 희생하고 봉사하며 순명과 겸손의 모범을 보여 주었습니다. 자신들의 선행이 밖으로 알려지는 것조차 원하지 않았습니다.

제가 호암재단에 관여하면서 알게 된 사실이지만, 호암재단은 두 분을 1999년 호암상 사회봉사 부문 수상자로 선정했으나 두 분은 한사코 수상을 사양했습니다. 재단 측은 두 분의 지인인, 전북 임실에서 봉사 활동을 하시는 벨기에 출신 지정환 신부님에게 수상 설득을 부탁했습니다. 결국, 마리안느 스퇴거 간호사가 대표로 수상하는 것으로 타협했습니다.

2017년에는 두 분을 노벨평화상 후보로 추천하기 위한 '마리안느와 마가렛 노벨평화상 범국민 추천위원회'가 결성되었습니다. 저는 추진위원장을 맡아 힘을 보탰습니다. 노벨평화상은 주로 전쟁이나 분쟁의 해결을 통해 세계 평화에 기여한 사람이나 단체에 주어지는 것이 통례이고, 봉사자에게 주어지는 것은 드문 일일 뿐 아니라, 두 분이 봉사 활동을 끝낸 지 십수 년이 지나 수상 가능성이 높지 않다고 판단하면서도 최선을 다하기로 했습니다. 이 일은 결코 두 분의 평화상 수상만을 위한 것이 아니기 때문입니다. 두 분이 보여 준 사랑과 헌신의 정신을 기리고 이를 우리 사회의 자산으로 삼기 위한 일이었습니다. 우리가 고마움을 잊지 않고 외국인을 노벨상 후보로 추천하는 것은 국격國格을 높이는 일이기도 했습니다.

전 국민 서명운동을 시작하여 100만 명 이상 서명을 받았습니다. 싱가포르에서 열리는 세계간호사회 총회에도 참석해 우리의 계획을 설명하고 협조를 구했는데, 오히려 세계 각지에서 모인 5천여 명의 간호사들에게 고맙다는 인사와 함께 격려와 응원을 받았습니다. 그 후 세계간호사회와 국제적십자회는 두 분에게 각기 봉사상을 수여했습니다. 우리의 노력이 맺은 다른 결실이었습니다.

한편 프란치스코 교황님을 찾아뵙고 우리 계획을 보고했습니다. 오스트리아를 방문하여 피셔 전 대통령과 매주 금요일 금식하여 모은 돈으로 두 간호사의 활동을 지원했던 오스트리아 가톨릭 부인회 관계자를 만나 수상을 위해 함께 노력하기로 다짐했습니다.

아무튼, 우리가 본격적으로 후보 추천을 한 2021년과

2022년의 수상은 무위無爲로 돌아갔습니다. 금년 1월 세 번째이자 마지막으로 후보 추천을 했습니다. 설령 무위로 돌아가더라도 우리는 서운해하지 않을 것입니다. 두 분에게 고마워하는 우리의 마음이 잘 전달되었고, 두 분의 헌신과 봉사 정신의 유산이 우리 사회에도 잘 뿌리내리고 있기 때문입니다.

그동안 '사단법인 마리안느와 마가렛'이 결성되어 볼리비아, 캄보디아, 인도, 콩고 등지에서 사랑을 전파하는 다양한 사업을 활발하게 전개하고 있습니다. 소록도 근처 아름다운 바닷가에 '나눔연수원'이 건립되어 간호사와 여타 봉사자들이 두 분의 삶을 되돌아보면서 교육을 받고 힐링도 합니다. 국가나 지역사회에 헌신, 봉사한 사람을 간호 부문과 봉사 부문으로 나누어 시상하는 '마리안느 마가렛 봉사 대상'도 제정되었습니다.

10월 27일, 제3회 시상식이 열립니다. 김 신부님이 초청하시니 다른 일정을 다 제치고 다녀올 작정입니다.

2023. 10. 7.

하늘이 열어 준 통일의 길

10월 3일 개천절은 우리나라의 중요한 국경일이지만, 독일에서는 '독일 통일의 날'로 가장 중요한 국가 기념일입니다. 지난달 대한민국헌정회가 발간하는 월간지 〈헌정〉 편집실에서 "독일 통일 33주년과 우리의 교훈"이라는 제목으로 글을 써 달라는 부탁을 받으니, 잊고 있던 일을 기억해 내도록 요청 받는 느낌이었습니다.

　나름대로 독일 통일 과정을 공부하며 느꼈던 역사의 역동성과 경외심, 독일에 대한 부러움은 한동안 잊고 지냈습니다. 국내외 정세에 비추면 통일이라는 단어 자체가 사치스럽거나 공허하다는 생각을 지울 수 없기 때문입니다. 그래도 숙제로 받은 원고를 작성하는 과정에서 독일 통일 과정을 상기해 보니 부러움과 감동이 다시 살아나는 것은 어찌할 수 없습니다.

1990년 10월 2일 동독 인민의회는 마지막 회의를 열어 동독 정부를 해산하고 동독의 소멸을 선언했습니다. 동독의 마지막 총리인 로타어 데메지에르는 "우리는 하나의 민족이며, 이제 하나의 국가가 된다. 지금은 기쁨의 순간이자 눈물 없는 이별의 시간이다"라고 연설했습니다. 동독은 역사 속으로 사라졌습니다. 피 한 방울 흘리지 않은 기적 같은 일이었습니다.

그날 밤 자정 베를린 제국의사당 앞에서 약 100만 명의 시민이 운집한 가운데 통일 기념행사가 열렸습니다. 베토벤 교향곡 9번 4악장 〈환희의 송가〉가 울려 퍼졌습니다. 10월 3일 0시를 기하여 독일은 통일되었습니다. 새로 하늘이 열린 듯한 날이었습니다.

이처럼 평화롭고 빠르게 통일을 이룰 수 있었던 이유는 무엇일까요? 독일은 자신의 전쟁에 대한 책임으로 분단되었으나 동·서독 간 이념 차이에 따른 전쟁이 없었습니다. 제한적이나마 가족 방문, 우편 통신, 방송, 무역 등 교류 협력이 이루어졌습니다. 동독 정부는 상호주의 입장에서 서독 정부가 제공한 지원에 상응하여, 서독에서 요구한 반체제 인사 이주 허용, 문화재 복구, 수질 오염이나 산림 피해 방지 조치 등을 이행했습니다. 동독은 공산 독재체제였지만 북한과는 달리 인적 세습이 아니라 최고 지도자가 교체되는 체제였습니다.

1985년에는 소련에서 개혁 개방을 주창하는 미하일 고르바초프 서기장이 등장하였습니다. 그리고 당시 교황 요한 바오로 2세가 조국 폴란드의 자유노조 운동에 보낸 정신적 지지가 동구권 변화에 영향을 주었고, 이들이 독일 통일 분위기가 형성되는 데 보탬이 되었습니다.

독일은 시대 상황에 맞는 정치 지도자들의 리더십과 비전이 통일 정책을 계승하고 발전시켰습니다. 우파 기민당은 처음에는 브란트의 동서 간 화해 협력을 통한 평화조성 정책인 동방정책을 분단고착 정책이자 반통일 정책이라고 비난하였으나, 1982년 정권을 탈환한 우파 기민당의 헬무트 콜 총리는 동방정책을 계승하여 발전시켜 나갔습니다. 그리고 독일이 결코 유럽의 평화와 안정을 방해하는 세력이 아님을 이웃 나라에 보여 주며 신뢰를 얻었습니다.

위와 같은 사정들은 통일을 이룬 뒤에 보니 통일에 보탬이 되는 요소였음은 분명하지만, 당시 독일의 통일을 계획하거나 예견한 사람은 없었습니다. 서독 국민도 통일에 관심을 두지 않았습니다. 독일을 분단시켰던 1945년 포츠담 회담의 주역인 미국, 영국, 소련 등 전승국 모두는 여전히 독일 통일에 찬동하지 않았습니다. 독일이 통일되어 힘이 커지는 것에 반대했기 때문입니다. 영국 마거릿 대처 총리는 "우리는 독일을 너무 사랑하기 때문에 독일이 하나 있는 것보다 두 개가 있으면 더 좋다"고 조롱했습니다.

그러나 독일 통일은 아무도 예상하지 못한 방식으로 빠르게 진행되었습니다. 1989년 11월 9일 동독인들의 여행 자유화 요구를 들어준다는 동독 당국의 조치를 밝히는 과정에서 발표자인 귄터 샤보프스키가 실수하는 바람에 당장 베를린 장벽이 열렸고, 그렇게 시작된 역사의 흐름은 인간의 의지와 관계없이 통일로 향했습니다. 인간이 아닌 신의 작품이었습니다.

그러나 "하늘은 스스로 돕는 자를 돕는다"는 속담처럼 하늘의 도움은 결코 우연히 찾아오는 것이 아닙니다. 서독 정부와 국민은 서두르지 않고 같은 민족으로서 동질성을 유지하고 동포를 돕기 위해 교류하고 협력하는 등 잔잔하지만 꾸준하게 노력하였기에, 하늘은 통일의 길을 열어 주었습니다.

2023. 10. 14.

로스쿨과 의과대학

법률가에게 필요한 덕목은 건전한 상식과 좋은 인성, 그리고 올바른 판단력과 용기입니다. 두뇌는 보통 사람보다 좀 나은 정도면 족하지 반드시 뛰어날 필요는 없습니다. 의사도 크게 다르지 않습니다. 모든 의사가 뛰어난 두뇌를 지닐 필요는 없습니다. 히포크라테스 선서를 실천할 수 있는 실력과 자질을 갖는 것이 중요합니다.

　머리가 좋은 우수한 인재들이 순수학문 분야나 이공계에 진출하는 것이 인류 사회나 국가 발전에 더 유익할 것입니다. 그런데 우리나라 현실은 이과를 지망하는 우수 인재가 의과대학으로 몰리고, 문과 학부 전공자들과 심지어 이과 학부 전공자 상당수가 법학전문대학원(로스쿨)으로 몰리고 있습니다. 이는 안정된 직업을 희구하는 경향에 따른 개인적 선택의 결과라고 하지만, 국가적으로는 불행한 일이 아닐 수 없습니다.

위와 같은 문제점과 관련하여, 한때 시행되던 의학전문대학원 제도는 사실상 폐지되었지만 법학전문대학원 제도는 굳건히 자리를 잡았습니다. 기존 사법시험과 사법연수원 교육을 통한 법조인 양성을 폐지하고 로스쿨 제도를 도입한 이유는 다음과 같습니다.

첫째, 법조인을 자격시험을 실시해 선발하는 대신 교육으로 양성하자는 것입니다. 신림동 고시촌이나 고시학원에서 암기나 시험을 치는 기술 습득 위주의 시험공부에 매달리다가 사법시험에 응시하여 합격하는 방식이 아니라, 정상적인 법학 교육을 받아 의사 면허시험처럼 로스쿨 정원 80～90% 이상의 응시자가 합격하는 변호사 시험을 통해 법조인을 배출하고, 이를 통해 국민이 받는 법률 혜택을 넓히자는 취지입니다. 종전에는 응시 자격에 제한이 없었기에 누구든 응시할 수 있었습니다. 그러다 보니 지망자는 법과대학 강의실이 아닌 고시학원으로 몰려들었고, 오랜 세월 동안 고시에 매달리는 '고시 낭인'이 생겨 사회적 문제가 되었기 때문입니다.

둘째, 법과가 아닌 다양한 학부 전공자가 법학전문대학원 과정을 거쳐 법조인이 되도록 함으로써 국제화 시대에 맞는 경쟁력 있는 법조인을 배출하자는 것입니다. 법과 출신의 법조인만으로는 의학, 공학 등 다양한 분야에서 발생하는 법률문제에 효과적으로 대처하는 데 한계가 있기 때문입니다. 이런 이유 외에도 과거 사법시험 시절 서울대 법과대학 등 소수 대학과 단일한 사법연수원 중심으로 형성된 법조계 카르텔을 약화시키고자 하는 다소 엉뚱한 뜻도 숨어 있었습니다.

과거 사법시험 제도에는 분명히 문제가 있었습니다. 우수 인재가 법대로 몰리고 심지어 이공계 전공자까지 사법시험에 매달려 법조계가 우수 인재를 다수 흡수해 버리는 지경에 달했고, 그 과정에서 고시 낭인을 양산하기에 이르렀으니 국가 인력의 적정 분배나 국가 경쟁력 확보 관점에서 보면 큰 손실이 아닐 수 없습니다. 그래서 정식으로 법학 교육을 받은 자에게만 응시 자격을 주어 다른 전공자들이 끼어들고 싶게끔 하는 유혹을 차단할 필요가 있었습니다.

그러나 새로 도입된 로스쿨 제도가 이러한 문제를 다 해결하지는 못합니다. 여전히 우수 인력이 로스쿨에 몰려 문과 대학 등은 로스쿨 예비 과정처럼 되기도 하고, 변호사 자격을 취득하는 데 시간이 오래 걸리며, 고액의 교육비 등으로 취약계층의 법조계 진출을 어렵게 만듭니다. 때로는 우리 사회에 큰 감동을 준 '개천에서 용이 나는 성공 신화'는 이제 불가능해졌습니다. 또한, 변호사 시험 불합격자가 해마다 누적됨에 따라 응시자가 늘어난 결과 합격률이 낮아져 다시 시험 치는 기술 습득 위주의 고시학원으로 몰려갈 가능성이 커졌습니다. 사법시험 제도의 폐해가 다시 등장하고 있는 형국입니다. 도입을 논의할 당시 예견된 문제들이었습니다.

아무튼, 로스쿨과 의과대학에의 쏠림 현상을 적절히 제어할 합리적 정책이 필요합니다. 로스쿨을 둘러싸고 등장한 새로운 문제점도 해결해야 합니다. 또한, 지금 논의되는 의과대학 정원 확대가 국민에 대한 의료 혜택의 확대라는 취지를 제대로 달성할 수 있도록 정치精緻하고 신중하게 검토할 필요가 있습니다.

2023. 10. 21.

'안중근 동양 평화상' 이야기

2023년 10월 26일은 안중근 의사가 만주 하얼빈 역에서 이토 히로부미를 사살한 지 114년이 되는 날이었습니다. 해마다 10월 26일과 안중근 의사가 순국하신 3월 26일에는 서울 남산에 있는 기념관에서 다양한 행사가 열립니다. 그 가운데 하나가 안중근 의사의 애국정신과 평화 사상을 널리 전파하는 일에 열심인 단체나 개인에게 '안중근 동양 평화상'을 시상하는 일입니다. 김구 선생의 손서孫壻인 김호연 회장께서 안중근 의사를 선양하는 일에 써 달라고 상당한 금액을 기부하신 이래 이를 의미 있게 사용하고자 제정된 상입니다.

2021년 제1회 수상자로 '류코쿠龍谷대학 안중근동양평화센터'가 선정되었습니다. 류코쿠대학은 교토에 있는 불교계 대학으로, 일본에서 가장 오래된 역사를 가진 대학입니다. 안중근 의사가 뤼순 법원에서 사형 판결을 받자 이 대학과 인연이 있던 교화승이 안중근 의사를 찾아 위로했고, 그때 안중근 의사가 써준 유묵遺墨 세 점을 받아 지금도 보관하고 있습니다. 해마다 3월과 10월에 유묵을 학생들에게 공개하여 안중근 의사의 평화 사상을 전파하고, 나아가 '안중근 동양평화센터'를 설립하여 안중근 의사의 평화 사상 및 바람직한 한·일 관계 정립을 위한 연구를 계속하고 있습니다.

2011년 안중근 의사 숭모회에서 국내외에 있는 안중근 의사 유묵을 모아 전시회를 열 계획을 세우고 류코쿠대학에 유묵 임대를 요청했습니다. 류코쿠대학 측은 처음에는 유묵이 제대로 반환될 수 있는지 걱정하며 거부했으나, 잘 설득하여 빌려 와 전시를 마친 뒤 반환했습니다.

이를 계기로 두 기관 사이에 신뢰가 형성되어, 2013년 이후 해마다 한국과 일본을 오가며 학술대회를 열고 있습니다. 연구 자료집도 여러 권 발간했습니다. 일본에 있는 대학에서 총리를 지낸 자국 지도자를 암살한 사람을 연구하고 선양하기란 결코 쉽지 않은 일입니다. 일본 극우 세력의 위협도 현실적인 부담입니다. 그럼에도 불구하고 의연하게 활동을 계속하고 있어 고마운 일입니다.

'류코쿠대학 안중근동양평화센터'가 수상자로 유력하게 거론될 때, 만약 수상자로 결정된다면 상을 받겠는지 물었습니다. 혹시 일본 현지 형편상 수상이 부담스러울지도 모른다는 생각 때문이었습니다. 기우杞憂였습니다. "주신다면 왜 안 받아요. 고맙게 받지요" 하는 그 반응이 고마웠습니다.

2022년 제 2회 수상자로 '대구가톨릭대학 안중근동양평화센터'가 선정되었습니다. 이 대학은 2011년 안중근연구소 설립, 안중근 의사 기념관 개관, 동상 건립 등 선양 사업을 지속하며 매년 학술 발표회를 열고 있습니다. 안중근 의사의 따님인 안현생 여사가 1953년부터 1956년까지 불문과 교수로 재직한 곳이기도 합니다.

2023년 제 3회 수상자로는 서울대 신용하 명예교수가 선정되었습니다. 안중근 의사에 관하여는 1970년대에 이르기까지 막연히 하얼빈에서 이토 히로부미를 암살한 애국자 정도로만 알려져 있었지, 관련 자료도 부족하고 학문적 연구도 제대로 이루어지지 않았습니다.

이에 신 교수님은 일본을 오가며 관련 자료, 특히 안중근 의사 자서전과 〈동양평화론〉을 구득하여 이를 분석한 논문을 한국 학계에 발표했습니다. 1980년 발표한 논문 〈안중근의 사상과 국권회복운동〉에서 안중근 의사의 교육 운동부터 하얼빈 의거에 이르는 국권 회복 운동을 일목요연하게 정리하고, 그 기저에 평화 사상이 자리 잡고 있음을 체계적으로 논증했습니다.

이를 계기로 국내에서도 안중근 의사의 평화 사상에 관한 연구가 본격적으로 시작되었습니다. 그런 의미에서 교수님의 공은 실로 지대했습니다. 제3회 수상자지만 개인 수상자로서는 처음이므로 너무 늦은 것은 아니라고 위로해 드리고 싶었습니다. 신 교수님도 시상식에서 당신의 노력이 잊히지 않고 평가된 것에 고마워하며 감개무량해하셨습니다.

앞으로도 많은 분이 수상자로 선정되어 우리에게 감동을 줄 것입니다. 그 가운데 안중근 의사의 평화 사상이 유럽연합의 기본 정신과 맥이 닿아 있음을 논증하여 이를 서양 학계에 전파하는 서양 학자가 포함되기를 소망해 봅니다.

2023. 10. 28.

국운이 있는 나라

얼마 전 복거일 선생이 '이승만의 자유민주주의 철학은 어떻게 형성되었나'를 주제로 연 특별 강연회에 다녀왔습니다. 선생은 지난 7월 대한민국 초대 대통령 우남 이승만의 생애를 다룬 대하 장편소설 《물로 씌어진 이름》 1부인 '광복' 편 전 5권을 출간했습니다. 제목 '물로 씌어진 이름'은 영국 문호 셰익스피어의 말인 "사람들의 나쁜 행태들은 청동에 새겨져 남는다. 그들의 덕행들을 우리는 물로 쓴다"에서 비롯됐다고 합니다. 이승만 대통령의 공功과 덕행은 가려지고 과過는 과장되는 데 대한 안타까움을 해소하기 위한 작업이었을 것입니다.

주최 측에서 책 출간과 강연회를 축하하는 말을 해 달라는 부탁을 받고 사양하지 않고 나섰습니다. 선생이 좋지 않은 건강 상태에서 이루어 낸 업적을 진심으로 축하해 드리고 싶었기 때문입니다. 축사는 대강 다음과 같은 내용이었습니다.

개인에게 운이 있듯이, 회사에는 사운社運이 있고, 나라에는 국운國運이 있습니다. 특히 1949년 새롭게 탄생한 서독의 경우를 보면 드는 생각입니다. 1949년 9월 15일 서독 연방 하원에서 초대 총리로 기민당의 콘라트 아데나워가 선출되었습니다. 단 1표 차로 경쟁자 사민당의 쿠르트 슈마허를 물리쳤습니다. 아데나워도 자기에게 투표했을 테니, 결국 자기 표로 당선된 셈입니다. 그 1표가 독일의 운명을 갈랐습니다.

아데나워는 자유민주주의와 사회적 시장경제를 기반으로 한 친미, 친서방의 외교·국방 정책을 내세웠습니다. 유럽 재건을 위한 미국의 마셜 플랜을 적극적으로 활용하고 점령국과 좋은 관계를 유지했습니다. 이에 반해 아데나워 못지않게 국민에게 존경 받는 정치인인 슈마허는 사회민주주의와 중공업 국유화 및 계획경제를 기반으로, 친서방이나 친소련이 아닌 중립적 입장을 취했습니다. 미국의 마셜 플랜을 미 제국주의의 위장이라고 비난하고 가톨릭 단체를 점령 4국에 이은 제5의 점령 단체라고까지 폄하했습니다.

동독에 대한 관계에서도, 아데나워는 서방과의 결속과 '힘 우위의 정책'을 기반으로 동독을 흡수, 소멸시키고자 했습니다. 동독 정부는 서독과는 달리 온 국민이 참여한 총선거에 의하지 않고 소련 공산당의 지령에 의하여 만들어진 정통성 없는 정부라고 보았기 때문입니다. 이에 반하여 슈마허는 아데나워의 발상은 독일 기본법의 정신에 배치되는 것으로서 분단의 극복이 아니라 분단의 고착을 가져올 뿐이라며, 서방 의존보다는 민족적 일체성을 강조하며 동독의 주체성을 인정했습니다.

아데나워와 슈마허의 정책에는 이처럼 극명한 차이가 있었습니다. 누가 총리가 되느냐에 따라 국가의 모습은 완전히 달라질 수밖에 없었습니다. 이런 의미에서 아데나워가 1표 차로 총리에 당선된 것은 독일의 행운이었습니다. 아데나워는 '전략'과 '실용'을 바탕으로 친서방 경제·외교·군사 정책을 폈습니다. '라인강의 기적'으로 표현되는 경제 부흥과 국제 신뢰 회복 등의 성과를 이루어냈습니다. 슈마허가 총리로 선출되었다면 독일의 모습은 완전히 달랐을 것입니다. 사민당도 아데나워가 상당 부분 옳았음을 인정하고 1959년 고데스베르크 전당대회에서 친서방, 사회적 시장경제를 수용하기에 이릅니다. 노동자와 농민의 권익을 보호하는 계급정당에서 온 국민을 품어 안는 국민 정당으로 변모합니다.

우리나라도 '국운이 있는 나라'입니다. 대한민국 수립 과정에 아데나워 총리와 비슷한 경험과 경륜, 정치적 비전을 가진 이승만 대통령이라는 정치 지도자가 있었기 때문입니다. 자유민주주의와 시장경제, 한·미 동맹에 의한 안전보장, 사회적 연대를 위한 농지 개혁과 초등학교 의무교육 등이 그가 남긴 주요한 업적입니다. 이런 정책을 출발점으로 하여 대한민국은 세계 10위권의 선진 경제 국가로 발전하여 국민은 자유와 번영을 구가하고 있으나, 다른 길을 간 북한은 세계 최빈국에 속하고 주민들은 어려움을 겪고 있습니다. 이러한 차이의 출발점이 이승만 대통령의 자유민주주의 철학입니다.

복거일 선생은 강연에서 "러시아는 역사적으로 러시아 대공국 이래 안으로는 압제적이고 밖으로는 탐욕스럽고 팽창적 태도를 보여 왔으며 이러한 전통은 소비에트 공산주의에 의해 더욱 강화되었는데, 이승만 대통령은 이를 꿰뚫어 보아 공산주의 위협을 통찰하고, 자유민주주의의 길로 나아간 정치 지도자였다"고 평가했습니다.

2023. 11. 4.

소록도 가는 길

가도 가도 붉은 황톳길
숨 막히는 더위뿐이더라.

낯선 친구 만나면
우리들 문둥이끼리 반갑다.

천안 삼거리를 지나도
수세미 같은 해는 서산에 남는데

가도 가도 붉은 황톳길
숨막히는 더위 속으로 쩔룸거리며
가는 길

신을 벗으면

버드나무 밑에서 지까다비를 벗으면
발가락이 또 한 개 없다

앞으로 남은 두 개의 발가락이 잘릴 때까지
가도 가도 천리, 먼 전라도길.

　한센인이던 한하운 시인의 시 〈황톳길(전라도길)〉입니다. 중학생 시절 이 시를 처음 읽고 가슴이 먹먹했던 느낌은 그 후로 소록도와 한센병에 대한 관심으로 이어졌습니다. 광주 고등법원에 근무할 때 주말에 혼자서 차를 몰고 소록도를 찾아가기도 했습니다. 당시는 고흥반도 끝자락인 녹동항과 소록도 사이에 다리가 연결되기 전이었습니다. 저는 배를 타고 소록도로 들어가면서, 한센병에 감염된 아들을 소록도에 데려다주며 "이제 너에게 가족은 없다. 다 잊고 잘 살아라" 당부하며 돌아가는 아버지의 슬픈 모습을 떠올렸습니다.
　가족 중 한 사람이 한센병에 감염되면 그 가족들은 이웃에게 기피당하고 혼삿길도 막히니 부득이한 일이었습니다. 그 고통을 견디지 못하고 소록도 바다에 몸을 던진 이도 있었습니다. 그래서 한센병을 천형天刑이라 불렀습니다. 소록도는 지옥과 같은 삶의 현장이기도 했습니다. 이제는 의약 기술의 발달로 한센병은 쉽게 치유가 가능한 단순한 피부병의 일종으로 남았습니다. 한센병 환자를, 우리 모두를 그토록 괴롭혔던 한센병을 극복했으니 얼마나 다행인지 모릅니다. 과학자들 덕택입니다.

총리 재직 중이었던 2012년 5월에는 소록도에서 열린 '전국 한센 가족의 날' 행사에 참여했습니다. 치유되어 소록도를 떠났던 사람들, 소록도에 살고 있는 사람들과 그 가족들이 함께 모여 벌이는 축제입니다. 한센병이 극복된 덕분입니다. 함께 어울려 배구도 하고 동행한 아내와 함께 배식 봉사를 한 것이 추억으로 남았습니다.

아내의 할아버지가 소록도 병원장으로 근무한 인연이 있어 여느 때와 달리 아내가 따라나섰습니다. 당시 한 신문은 "총리 부인 이례적으로 한센 가족 행사 참석, 조부가 소록도 병원장으로 인술 베풀었기에"라는 제목으로 가족도 잘 몰랐던 병원장으로서 치적을 취재하여 보도했습니다.

한센병을 극복하지 못해 한센병이 우리를 괴롭히던 시절, 오스트리아 출신 간호사인 마리안느와 마가렛이 40년을 훌쩍 넘기는 세월 동안 소록도에서 한센인을 돌보았습니다. 그들은 2005년 11월 지인들에게 편지 한 통만을 남기고 조용히 고향으로 돌아갔습니다. 이제 자신들은 나이가 70세를 넘어서 소록도 사람들에게 불편을 줄 뿐 도움이 되지 못한다며.

2017년에는 두 분을 노벨평화상 후보로 추천하기 위한 '마리안느와 마가렛 노벨평화상 범국민 추천 위원회'가 결성되었습니다. 저는 추진 위원장을 맡아 힘을 보탰습니다. 그 과정에서 소록도를 여러 차례 방문했습니다.

이 일을 함께했던 소록도성당 김연준 신부님은 이들의 숭고한 정신을 기리기 위해 '사단법인 마리안느와 마가렛'을 설립했습니다. 이어 고흥군과 소록도 건너편 바닷가에 '나눔 연수원'을 건립했고, 마리안느·마가렛 선양 사업 추진위원회를 구성하여 '마리안느·마가렛 봉사 대상'을 간호 부문과 봉사 부문으로 나누어 시상하고 있습니다.

10월 27일에는 시상식에 초대받아 다시 소록도를 찾았습니다. 김 신부님은 고흥으로 가는 차 안에서 이번 봉사 부문 수상자인 천주교 제주교구 성 다미안회의 공적을 전해 주었습니다. 성 다미안회는 1980년 창립한 사회봉사단체로서, 특히 지난 40여 년간 매년 200여 명으로 구성된 대규모 봉사대가 떼로 몰려와 며칠 동안 머물며 청소, 목욕, 이발과 미용, 예초, 도배, 집수리 등 각종 봉사 활동을 하고 떠나는데, 한마디로 말해 소록도를 발칵 뒤집어 놓고 간다며 웃었습니다.

소박하고 따뜻한 분위기 속에서 진행된 시상식이 끝난 뒤 두 간호사가 살았던 관사를 둘러보았습니다. 다시 본 소록도 성당은 건물 자체도 아름답지만 한센병 환자들을 위하여 눈물을 흘리는 예수의 모습을 형상화한 스테인드글라스가 인상적이었습니다.

소록도는 이청준 선생의 소설처럼《당신들의 천국》이 아닌 '우리들의 천국'으로 변해 가고 있다고 생각하며 서울로 돌아왔습니다.

2023. 11. 11.

"나는 지금 독일이라는 이름의 도서관에 간다"

저는 최근 3, 4년 사이에 책 세 권을 출간했습니다. 2021년
부터 매년 순차 발간한 《소통, 공감 그리고 연대》, 《독일의
힘, 독일의 총리들》 1·2권이 그것입니다. 그전에 수년간 구
상하였지만 부질없는 일이라고 생각하며 출간을 포기했으
나 경험하고 공부한 것을 사회에 전하는 것도 좋은 일이라
며 출간을 권유하는 지인들의 뜻에 따라 결행했습니다. 널
리 읽힐 책은 아니지만 그래도 누군가에게 참고자료로 잘
활용된다면 보람 있는 일이므로, 잘한 일이라고 생각하기로
했습니다.

위에 언급한 세 권 외에 한 권이 더 있습니다. 2021년 독
일 베를린 LIT 출판사에서 독일어로 출간된 *Ich gehe jetzt
in die Bibliothek namens Deutschland*나는 지금 독일이라는 이름

의 도서관에 간다입니다. 이 책이 발간된 경위는 다음과 같습니다.

총리직에서 물러난 직후 2013년 5월 초 베를린 자유대학에서 독일의 정치, 통일 등을 공부할 요량으로 독일로 건너 갔습니다. 독일은 한국이 배우고 참고해야 할 것이 많은 나라라고 생각했기 때문입니다.

저는 독일로 떠나며 페이스북에 "독일 도서관으로 떠나면서"라는 제목으로 독일로 떠나는 이유와 함께 인사를 전했습니다. 제2차 세계대전을 일으켰다가 패망하여 황폐해진 독일이 전범 국가의 불명예를 씻고 분단을 극복하여 통일을 이루고, 경제 대국으로 부상했으며, 건전한 사회규범과 타협과 배려의 문화를 바탕으로 모범 국가로 변모한 독일을 공부하여 우리나라가 안고 있는 문제를 해결할 자료를 찾고자 함이었습니다. 그래서 페이스북에 이렇게 썼습니다.

저는 독일로 떠나갑니다. 문제 해결을 위해 도서관을 찾는 심정으로…. 특히 우리에게는 통일 준비와 통일 후 과제라는 큰 숙제가 남아 있습니다. 그래서 이번 여행은 젊은 시절에의 추억 여행에 그치지 아니하는 미래 여행입니다.

베를린에 머무는 동안 페이스북에 독일에 관한 이야기를 올렸습니다. 귀국 후 한동안 쓴 신문 칼럼에 독일에 관한 내용이 많이 포함되었습니다. 저의 독일인 친구 크리스토프

홀렌더스 박사가 이를 알고 글들을 몇 개 번역해 읽어 본 뒤, 그 글들을 모아 책으로 발간하자고 제안했습니다. 독일에 관심이 많은 전직 한국 총리가 독일에 대하여 어떻게 생각하는가는 독일인에게도 흥미로울 것이라는 이유 때문이었습니다.

그 글들을 번역해 보내 주면 기자 출신인 자기 아내가 원고를 가다듬어 잘 정리할 것이고, 전 주한 독일 대사 한스 울리히 자이트가 출판사를 물색하는 등 출판에 관련한 모든 일은 자기들이 맡아 처리하겠다고 했습니다. 책 제목은 제 페이스북 제목을 따라 정했습니다.

특히 자이트 대사는 제가 보낸 번역 원고를 읽어 보고서 '독일 외교관 필독서'라고 평가하며 책 서두에 저와 한국을 소개하는, 이례적으로 긴 에세이를 신이 난 듯 작성하여 게재했습니다. 이런 경위로 베를린에서 쓴 페이스북 게시글 및 신문에 연재한 칼럼 가운데 독일이 언급된 것과 제가 2013년 독일 체재 중 대학 등에서 강연한 원고를 한데 묶어 책을 발간하게 되었습니다.

이 책은 독일어로 된 책이기에 한국인에게는 별 쓸모가 없지만, 그래도 독일인에게는 유익했던 것 같습니다. 독일인에게 선물로 이 책을 건네면 우선 깜짝 놀랍니다. 제 3국의 전직 총리가 바라보는 독일에 관한 이야기이니 흥미롭겠다는 반응을 보입니다.

얼마 전 한국에 새로 부임한 게오르크 슈미트 주한 독일 대사에게 책을 선물했더니, 놀란 표정으로 책을 훑어보며 신기해했습니다. 제가 당신들에게 익숙한 독일 이야기일 뿐이라고 말을 건네자, 그는 메모지에 사자성어 '魚不見水^{어불견수}'라고 적어 저에게 보여 주었습니다. 물고기는 물을 보지 못한다는 뜻으로, 중요한 것인데도 너무나 가까이 있기에 도리어 그것을 깨닫지 못함을 비유하는 말입니다. 즉, 독일인이 아닌 외국인이 보는 독일에 관한 이야기는 독일인이 보지 못하는 독일을 보게 해 준다는 취지로 답을 건넨 것입니다.

독일 대사가 써놓은 달필의 사자성어를 보고 감탄을 했더니, 이제는 '家和萬事成^{가화만사성}'이라고 쓰고 자신이 좋아하는 말이라고 했습니다.

아무튼, 이 책이 우리나라 공공 외교에 작은 역할을 한다고 생각해도 될지 모르겠습니다.

2023. 11. 18.

이상한 감사비

윤학자(일본 이름 다우치 지즈코) 여사 탄생 111주년을 맞아 11월 1일 목포 공생원에서 한국과 일본의 많은 인사가 참석한 가운데 감사비感謝碑 제막 행사가 열렸습니다. 10월 13일에 열린 공생원 설립 95주년 행사에는 윤석열 대통령 내외와 일본 기시다 총리를 대리하는 중의원 의원이 참석했습니다. 한국에서 열린 민간 시설 관련 행사에 이처럼 대통령 내외와 일본 고위 인사 등 많은 일본인이 참석한 것은 드문 일입니다.

그런데 이번 감사비 제막 행사 소식을 들었을 때, 조금 이상한 생각이 들었습니다. 윤학자 여사에 대한 감사를 표하는 감사비가 아니라, 윤학자 여사가 한국 고아 3천 명을 길러낼 수 있도록 도와준 목포 시민에게 감사를 표하는, 목포 시민에 대한 감사비를 설치하는 행사였기 때문입니다. 저에게 감사비 제막식 행사 축하 인사를 요청한 윤학자 여사의

공생원에 세워진 목포 시민 감사비.

장남 윤기 공생복지재단 회장에게 그 이유를 물었습니다. 윤기 회장의 답변은 이러했습니다.

"어머니의 헌신적 노력과 봉사는 한국과 일본에서 많은 칭송을 받았습니다. 일본인들도 자랑스러워합니다. 그러나 어머니가 그렇게 일할 수 있었던 것은 목포 시민들, 특히 목사님들이 많이 도와주었기에 가능했습니다. 어찌 감사드리지 않을 수 있겠습니까?"

그러면서 그는 어머니의 사투리 억양이 섞인 말씀을 흉내 내며 전해 주었습니다.

"고아들을 키운 것은 내가 아니라 목포 시민이다이! 가난해도 인정 많은 목포에 살 수 있어 행복했다이!"

윤기 회장은 감사비를 통하여 한·일 국민 간 친선 도모와 윤학자 여사가 꿈꾸었던 국경을 초월한 고아, 장애인 등 소외 계층에 대한 사랑을 세계에 알리며, 목포 공생원과 목포 근대 역사 문화유산을 널리 알려 많은 한국과 일본 국민이 목포와 목포 공생원을 방문토록 하기 위함이라는 것입니다.

영화 〈기생충〉의 재미있는 대사처럼, '계획이 다 있구나!' 싶은 줄 몰랐습니다.

윤학자 여사는 일본 고치현 출신으로 어릴 적 아버지를 따라 목포에 와서 여학교를 마친 후 고아원 공생원에서 음악 선생으로 봉사하다가 원장인 윤치호 전도사와 결혼했습니다. 해방 후에는 친일파로, 6·25전쟁 중에는 인민군과 국군에게 각기 반동분자나 인민군 부역자로 몰려 생명이 위협받았을 때, 고아들은 "일본인이어도 우리 어머니"라고 막아섰고, 목포 시민이나 목사들이 윤치호 원장의 무고함을 탄원하여 그를 살려냈습니다. 그 후 윤치호 원장이 광주에 식량을 구하러 출장 갔다 행방불명되었으나, 윤 여사는 일본으로 돌아가지 않고 평생 고아 3천 명을 돌보았습니다. 자신의 자식들도 고아들 속에 섞어 키웠습니다. 그 고아들 가운데 훗날 국내 유명 기업 회장이 된 분도 있었습니다.

윤 여사는 1960년 처음으로 고향에 계신 어머니를 만나러 일본을 방문했습니다. 국교 정상화가 되지 않아 일본 방문이 어렵던 당시, 이재홍 목포시장과 김문옥 국회의원이 신원을 보증해 한국 여권을 만들어 여사의 일본 방문을 도왔습니다. 이때 NHK 방송이 윤학자 여사 모녀가 상봉하는 모습을 일본 전 국민에게 소개했습니다.

일제강점기에 목포 살던 사람들은 '목포회'를 조직해 여사를 도왔습니다. 박정희 대통령은 1963년 광복절에 여사에게 문화훈장을 수여했습니다. 여사는 이듬해 일본을 다시 방문하여 이케다 총리, 기시 전 총리, 후나다 국회의장 등을 만나 한국인의 따뜻한 마음을 전했습니다. 일본 경제단체연합회장, 상공회의소 등은 앞장서서 윤 여사 사업의 후원자로 나섰습니다. 덕분에 공생원 아이들은 모두 중고등학교에 다닐 수 있게 되었습니다.

그러나 윤학자 여사는 안타깝게도 1968년 56세에 타계했습니다. 목포역 광장에서는 목포 시민 3만여 명이 모인 눈물의 장례식이 열렸습니다. 당시 〈조선일보〉는 그때 모습을 "목포가 울었다"라고 보도했습니다. 윤 여사는 행방불명된 남편을 기다리겠다며 남편 고향에 묻히기를 희망하여 실제로 함평군 옥동마을 파평 윤씨 선산에 묻혔습니다.

윤 여사의 이러한 생애가 알려지면서 더 많은 일본인이 목포를 찾아와 목포 공생원과 한국 고아들의 후원자로 나섰습니다. 윤기 회장은 1982년 일본으로 건너가 재일교포 고령자를 위한 노인 홈(고령자 입주시설) '고향의 집' 설립을 시작했습니다. 현재 오사카 등 일본 각지 5곳에 이릅니다.

한국인 아버지와 일본인 어머니를 둔 윤기 회장의 꿈은 결국 한·일 화해와 평화의 가교를 놓고 국경을 넘은 사랑을 실천하는 것이며, 그 출발점을 목포 시민에 대한 감사에서 찾고자 하는 것이 이번 감사비 제막식의 의미인 듯합니다.

2023. 11. 25.

바람직한 제3당의 길

거대 양당제도의 전통 아래 소선거구제를 채택하고 있는 우리나라 현실에서 제3당의 국회 진출은 어렵습니다. 거대 양당은 40% 남짓의 정당 득표율로 50~60% 이상의 의석을 확보하는 것이 가능하여 표의 등가성^{等價性}이 깨지고 많은 사표^{死票}가 발생합니다. 거대 양당의 공천은 당선에 유리한 요소이다 보니 정당 내의 패거리 정치가 극성을 부리고, 정당 간의 타협이 없는 죽기 살기식 진영 대결이 극심해져 국민은 지쳐 있습니다.

또한, 양당 정치만으로는 복잡다기한 현대 사회에 필요한 다양하고 창의적인 의견을 담아낼 수도 없습니다. 그래서 당장 집권에는 이르지 못하더라도 어느 정도 영향력을 발휘할 수 있는 제3당이 출현하여 거대 양당의 독주를 견제하며 타협의 정치를 구현할 필요가 생깁니다. 그러나 내년 총선을 앞두고 새롭게 논의되는 제 3당은 이념이나 정책의 차이가 아니라 당내 갈등의 외부 연장에 불과하거나, 국민의 마음을 사로잡을 명분을 제시하는 것이 아직은 어려워 보여 제 3당이 성공할지 의문입니다.

최근 우리 정치사에서 정의당은 제 3당으로서 기대할 만한 모델이었다고 생각합니다. 정의당이 당장 집권할 가능성은 없더라도 좀 더 실사구시實事求是의 실력을 쌓고 국민의 신뢰를 얻어 거대 양당 중심의 극한 대립 정치가 펼쳐지는 정치 상황에서 합리적 균형자 역할을 할 수 있다면 우리 정치는 훨씬 바람직한 방향으로 발전할 것이라고 믿었기 때문입니다.

그러한 국민의 기대 탓인지 한때 10%에 접근했던 정의당 지지율이 지금은 3~4% 이하로 떨어졌습니다. 거대 정당에 명분 없이 편을 들며 그 과정에서 정치적 이익을 얻으려는 모습을 보이면서 국민의 신뢰를 급격히 잃은 것으로 보입니다. 멀리 보고 뚜벅뚜벅 걸어 나갔으면 좋았을 것입니다. 아쉬운 대목입니다.

이러한 관점에서, 바람직한 제 3당의 모습을 보여 준 좋은 예가 독일의 녹색당綠色黨입니다. 녹색당은 1970년대 시민운동으로 시작했던 그룹이 1978년 '미래를 위한 녹색 행동Gruene Aktion Zukunft'이라는 이름으로 주州 차원 정치 단체로 조직되었다가, 1980년 '녹색당'이라는 이름을 달고 전국 규모의 정당으로 확대되었습니다.

녹색당이 원래 내세우는 주요 정책은 환경 보호, 여권女權 신장, 기초 민주주의, 그리고 평화와 비폭력 등이었습니다. 녹색당은 주 차원에서는 1979년 처음으로 브레멘 주의회 진출에 성공했고, 1983년에 드디어 연방 의회에 진출했습니다. 녹색당이 국회 운영에 잘 적응할지 의문이었습니다.

1세대 녹색당 의원들은 회의장에서 자신들을 외관상 부각하기 위해 수염을 기르고, 해바라기 등 요란한 무늬가 있는 스웨터를 입고 등원했습니다. 기존 정치권에 대한 저항의 표현이었지만 거부감도 주었습니다. 그러나 그들은 곧 적응하며 핵발전소 폐기 등 당장은 실현이 어렵더라도 장차 추구해야 할 미래에 초점을 맞춘 꾸준한 정책적 노력을 통해 지지 기반을 넓혀나가 마침내 1998년에 사민당과 연정을 함으로써 정권을 담당하게 되었습니다.

녹색당 대표로서 부총리 겸 외무장관이 된 요슈카 피셔는 발칸반도에서 벌어지는 인종 청소였던 '코소보 사태'를 종식하기 위해 무조건적 전쟁 반대 정책을 바꾸어 전쟁에 참가했습니다. 책임 있는 국정 담당자의 일원이 된 이상 정권 밖에서 막연히 내세우던 비현실적 주장을 계속할 수 없음을 알았기 때문입니다. 피셔는 일부 지지자로부터 변절자라는 비난을 받고 붉은 페인트 세례도 받았지만, 과감히 변화를 추구해 나갔습니다.

2021년에 다시 사회민주당, 자유민주당과의 '신호등 연정'(빨강-사회민주당, 노랑-자유민주당, 초록-녹색당의 연합을 이르는 말)을 통해 정권을 담당하기에 이릅니다.

창당 초기와는 달리 녹색당은 독일 주요 정당 중 제일 뚜렷한 친미·반러, 친나토[NATO], 친EU 성향을 보입니다. 러시아와의 가스관 연결에 제일 앞장서 반대했으며, 국방비 증액에도 가장 적극적입니다. 2022년 러시아가 우크라이나를 침공하자, 우크라이나에 대한 무기 지원에 가장 적극적으로 나섰습니다. 한때 나토 해체나, 독일 연방군 해체, 독일의 무기 수출 금지를 주장했던 평화주의적 정당이라고는 믿을 수 없을 만큼 엄청난 방향 전환입니다. 머지 않아 거대 양당 수준에 진입할지도 모르겠습니다.

꼼수가 아닌 원칙과 시대정신에 투철하면서도 변화를 두려워하지 않은 탓일 것입니다. 제가 바라는 제3당은 이런 모습의 정당입니다.

2023. 12. 2.

장흥에서 본 두 풍경

안중근 의사 숭모회 임직원은 가끔 1박 2일 지방 여행을 떠납니다. 그때마다 빠짐없이 들르는 곳이 전남 장흥입니다. 일단 장흥을 거쳐 다른 곳으로 바꿔 가며 여행합니다. 장흥에는 대한민국에서 유일하게 안중근 의사를 모시는 해동사 海東祠라는 사당이 있기 때문입니다. 장흥은 안중근 의사와는 아무런 연고가 없었습니다. 그런데도 장흥에 거주하는 죽산 안씨 문중에서 우리나라에 안중근 의사를 모시는 사당이 없음을 안타깝게 여기고 6·25전쟁이 막 끝난 그 어려운 시기인 1955년 사당을 지었습니다. 참고로 안중근 의사는 순흥 안씨입니다.

이승만 대통령은 이를 알고 해동명월 海東明月이라는 편액을 써 보내서 지금도 남아 있습니다. 사당을 건립했을 때 안중근 의사의 따님인 안현생 여사와 조카 안춘생 선생이 안

의사의 영정과 위패를 들고 장흥읍에서 멀리 떨어진 사당까지 걸어갈 때 수많은 사람이 따라 걸었으며, 사당에는 흰옷을 입은 수천 명이 구름같이 모였습니다. 이처럼 사당 건립경위가 따뜻하고 아름답습니다.

그 뒤 장흥이 서울의 정남쪽이라 하여 이름 붙인 '정남진' 바닷가에는 장흥 출신 한 기업인의 성금으로 안중근 의사 동상이 들어섰습니다. 이에 더하여 최근 장흥군은 안중근 의사 사당을 확대 정비하는 성역화 사업을 하고 있습니다.

지난달 8일 다시 장흥을 찾아 사업 현장을 둘러보았습니다. 사당 근처에 안중근 의사 기념관을 건립하여 교육과 관광 마당으로 활용할 계획으로, 내년 봄 개관을 목표로 공사를 진행하고 있었습니다. 이번 우리의 방문을 알고 장흥군은 기념관 앞마당에 기념식수를 하도록 준비해 놓았습니다. 그동안 장흥군은 안중근 의사와 맺은 인연을 강조하고자 장흥군과 만주 하얼빈이 경도 126도에 있다는 사실까지 끌어올 정도로 열성을 보였고, 이제는 안중근 의사 기념관이 있는 서울 남산 외에 장흥군이 또 다른 안중근 의사 관련 성지임을 부인할 수 없게 되었습니다.

또한 장흥 읍내에는 1894년 벌어진 동학농민군과 조·일 연합군(조선 관군·일본군) 사이에서 벌어진 석대들 전투를 기념하는 동학농민혁명기념관이 있습니다. 석대들 전투는 동학농민혁명 과정에서 전봉준을 비롯한 지도부가 모두 체포된 이후에도 항전을 계속해 동학군이 마지막까지 저항한 전투입니다.

석대들 전적지는 정읍 황토현, 공주 우금치, 장성 황룡 전적지와 함께 동학농민운동 4대 전적지 중 하나입니다. 석대들 전투에서 동학농민군은 당연히 신식 무기를 갖춘 관군에 밀려 수천 명이 사상하는 피해를 보았습니다. 역사의 비극이었습니다.

그러나 석대들 전투가 있기 전 3만여 동학농민군은 장흥읍성(장녕성)을 공격해 함락하기도 했습니다. 이 과정에서 박헌양 장흥 부사를 비롯해 장녕성을 지키던 장졸將卒 96명이 목숨을 잃었습니다. 동학농민군이 볼 때는 장녕성의 조선 관리와 관군들은 부패한 조정을 지키는 군사였지만, 관리나 관군의 처지에서 보면 나라와 임금의 안전을 위하여 충성을 다한 공복公僕이었습니다. 그리하여 장흥읍에는 동학 농민 봉기 당시 장녕성 전투에서 희생당한 장졸들을 추모하는 사당인 영회당永懷堂도 건립되어 있습니다.

지금 역사는 동학농민군을 혁명군이라 평가하지만, 다른 한편 장녕성을 지키다 죽어간 조선 관군들을 추모해야 함은 당연합니다. 그리하여 영회당은 장흥의 다른 동학 유적과 함께 '장흥 석대들 전적지'로 2009년 국가 사적 제498호로 지정되어 관리되고 있습니다.

그런데 김성 장흥군수는 "역사의 희생자인 동학농민군과 순절한 장졸의 후손 사이에는 아직도 앙금이 남아 있어 안타깝다며, 양쪽의 역사적 화해를 위해 노력하고 싶다"고 말했습니다. 이번 여행 중 가장 인상적인 대목이었습니다.

그래서 김 군수에게 그런 방향으로 노력해 주시길 바라며 스페인 마드리드 근교 '죽은 자의 계곡 Valle de los Caidos' 사례를 말씀드렸습니다. 스페인 내전에서 희생된 승자 프랑코파와 패자 공화파 모두를 추모하는 엄청난 크기의 기념물이 있는데, 그곳 묘역에 양쪽 희생자가 함께 묻혀 있습니다. 물론 정치적 동기에서 조성한 묘역입니다만, 그래도 화해를 구현하고자 하는 그들의 노력은 높이 평가해야 할 것입니다.

2023. 12. 9.

우리가 살고 싶은 도시

인류의 역사는 도시의 발달과 함께 발전했습니다. 도시는 인간 생존의 터전이었고, 인류가 더 잘 살기 위한 노력의 결과물이었습니다. 특히 중세 이후 유럽에서 자치권을 가진 도시가 형성되면서 상업과 교역의 중심지가 되어 경제적 부를 축적했고, 이런 도시들의 탄생과 발전은 상업과 자본주의, 더 나아가 민주주의 발전의 환경과 계기를 만들기도 했습니다.

세상에는 다양한 도시가 존재합니다. 저는 어떠한 형태가 가장 이상적인 도시인가 하는 문제에 대해 가끔 생각해 보았습니다. 그러던 차에 2012년 케냐 나이로비를 방문해 그곳에 본부를 둔 유엔 산하 기구인 '인간정주위원회Commission on Human Settlement' 사무총장을 만났습니다. 어떠한 형태의 도시가 가장 이상적일까 하는 호기심에서, 현존하는 세계의 도시들 가운데 가장 바람직한 도시는 어디냐고 물었습니다. 그랬더니 사무총장은 뉴욕 맨해튼과 싱가포르라고 대답했습니다. 뜻밖이었습니다.

저는 과밀한 도시가 가질 수 있는 여러 가지 부정적 요소를 생각하면서 그 이유를 물었습니다. 사무총장은 바람직한 도시 형태는 일하고 쉬고 자고 즐기는 문화생활이 좁은 공간 영역 안에서 다 이루어져야 한다고 했습니다. 그래야 이동 거리를 줄이고 시간을 효율적으로 활용하며 삶의 질을 높이고, 자원을 절약하고 탄소배출도 줄일 수 있다는 것이었습니다. 예컨대 직장과 멀리 떨어진 교외에서 차를 운전하여 장시간에 걸쳐 출퇴근하는 것은 피로를 증가시키고 에너지를 낭비한다는 것입니다.

콤팩트한 도시 환경의 장점을 짚는 말이어서 공감이 되었습니다. 은퇴한 분들이 가까운 곳에 병원, 백화점, 극장 등이 밀집된 도시를 떠나지 않는 이유와도 일맥상통하는 이야기였습니다. 그러나 다른 한편 밀집된 도시 환경은 해결해야 할 난제를 많이 야기하고, 특히 최근 코로나19로 인한 팬데믹을 겪고 보니 밀집한 환경이 가져오는 부정적 요인도 결코 적지는 않습니다. 결국은 이런 문제를 종합적으로 고려하여 가장 합리적인 방안을 도출하려고 노력할 수밖에 없습니다. 그래서 가능한 한 그 대도시 안에서 자급적 생활 여건이 갖추어진 소규모 지역을 다수 만든다면 대도시가 갖는 부정적 요소를 배제하고 쾌적하면서 편리한 도시 환경을 만드는 데 도움이 될 것입니다.

그러한 관점에서 논의되는 것이 프랑스의 카를로스 모레노 교수가 주창한 '15분 도시'의 개념입니다. 즉, 도보로 15분 거리 안에서 기본적 생활 수요가 다 해결되도록 도시를 만드는 것입니다. 대도시라도 생활 권역으로 나누어 가까운 거리 안에서 생활 수요를 충족시킬 수 있도록 합니다. 박형준 부산시장도 부산의 미래 도시 비전으로 '15분 도시' 개념을 도입하고 부산 전역을 60여 개의 생활 권역으로 나누어 가까운 거리 안에서 생활 수요를 충족시키도록 하는 야심찬 계획을 추진한다고 들었습니다. 쉽지 않은 일이지만, 장기적으로 바람직한 방향일 것 같습니다.

다른 한편 핵심 도시를 중심으로 일일 생활이 가능하도록 기능적으로 연결된 글로벌 경쟁력을 가진 인구 1천만 명 이상의 거대 도시인 메가시티를 만들고자 하는 논의도 활발하게 진행되고 있습니다. 결국, 우리의 고민은 15분 도시와 같은 소도시와 메가시티와 같은 대도시의 장점을 두루 갖춘 도시를 어떻게 조화롭게 만들 것인가에 있습니다.

그러나 이에 앞서 도시가 우선 갖추어야 할 조건이 있습니다.

첫째, '청정한 도시 Clean city'입니다. 대기, 물, 땅, 강, 바다가 청정하고 이를 유지하기 위한 행정적·기술적 시스템이 잘 갖춰져야 합니다.

둘째, 기후변화와 도시 난개발에 따른 재해로부터 안전하며 범죄 등 사회 불안 요소로부터도 보호받는 '안전한 도시Safe city'입니다.

셋째, 첨단 정보통신기술ICT로 다양한 유형의 전자적 데이터를 수집하고 센서를 사용해 정보를 취득하고, 이를 효율적으로 관리하여 도시 생활 속에서 유발되는 교통 문제, 환경 문제, 안전 문제, 주거 문제, 교육·보건 복지 서비스, 시설 효율성 확대 등을 해결하는 '스마트한 도시Smart city'입니다.

이러한 요소를 두루 갖춘다면 소도시와 대도시의 장점을 겸비한, 우리가 살고 싶은 경쟁력 있는 도시가 될 것입니다.

2023. 12. 16.

노벨상 시상식을 보고

북유럽 스웨덴의 겨울은 깁니다. 5~6개월에 이릅니다. 밤도 깁니다. 12월 중순, 오후 두 시 반이면 어두워지기 시작하고, 밤은 17~18시간 동안이나 지속됩니다. 분위기가 음산하여 사람들도 우울해지기 십상입니다. 스웨덴 사람들에게 하짓날이 가장 즐거운 축제일인 것이 당연해 보입니다. 그런만큼 긴 겨울을 잘 이겨 내려는 지혜와 노력이 필요할 것 같습니다. 집이나 가게에 예쁜 크리스마스 장식을 하고 크리스마스 마켓을 열어 함께 즐기는 것도 그중 하나입니다.

그러나 스웨덴 사람들에게는 겨울을 즐겁게 나도록 하는 또 다른 일이 있습니다. 다름 아닌 노벨상 시상식과 관련한 축제입니다.

수도 스톡홀름에서 매년 12월 10일 노벨상 시상식이 열립니다. 노벨의 기일忌日에 맞추어 열리는 행사입니다. 노벨상은 알프레드 노벨Alfred Nobel(1833~1896년)이 조국 스웨덴에 남겨준 최대의 선물이지만, 음울한 겨울 한복판에 시상 축제가 열리도록 한 것은 노벨의 또 다른 선물처럼 느껴집니다. 기념 콘서트로 시작한 행사는 다음 날 전야제로, 또다시 시상식과 며칠간의 학술 행사로 이어집니다. 세계의 지성인 수상자들과 축하객들이 몰려옵니다. 시상식에 참석하는 실비아 왕비의 드레스와 해마다 바뀌는 축하 만찬의 메뉴가 무엇인지에도 온 국민의 관심이 쏠립니다. 언론은 이를 재미있게 보도하고 똑같은 메뉴가 다음 날부터 시청이나 주변 식당에 등장합니다. 말하자면 '그들만의 축제'가 아닌 온 국민의 축제입니다.

얼마 전 열린 2023년 노벨상 시상식에 초대받아 간 것은 삼성호암상에 관여하는 저에게 유익한 경험이었습니다. 시상식은 오후 4시 스톡홀름 콘서트홀에서 구스타프 국왕과 실비아 왕비가 참석한 가운데 품격 있고 경건하게 진행되었습니다. 국왕 내외가 먼저 입장하여 기다리다가 뒤이어 입장하는 수상자들을 기립하여 박수로 환영하는 것은 수상자에 대한 최고 예우의 표현입니다.

화려한 듯 소박한 분위기를 연출하는 아름다운 꽃 장식에 사용되는 꽃은 이탈리아 북서부 지중해 연안의 휴양도시 산레모의 시민들이 해마다 보내 준다고 합니다. 산레모 가요제로도 유명한 산레모는 '리비에라의 꽃'으로 불릴 만큼 꽃

산레모에서 보내온 꽃으로 장식된 노벨상 시상식장.

의 도시로 유명한 곳입니다. 노벨이 그곳에서 말년을 지내다
가 생을 마감했습니다. 그 인연이 100년 이상 노벨상 시상식
과 산레모의 아름다운 꽃 선물을 이어 주고 있습니다.

　시상식은 1시간 20분간 사회자 없이 물 흐르듯이 진행되었
습니다. 분과별 위원장이 수상자의 업적을 간단히 소개하면
국왕이 수상자에게 상을 전달하는 것이 전부였습니다. 국왕이
나 수상자의 스피치도 없었습니다. 다만 사이사이에 오케스트
라의 연주가 있을 뿐입니다. 세계가 생중계하며 주목하는 행
사를 사회자 없이 진행하는 것은 그만큼 철저한 준비 없이는
불가능한 일입니다. 수상자들을 비롯한 관계자들이 힘들겠다
는 생각에 꼭 그래야 하는가 하는 의문도 들었습니다.

　기념 만찬은 장소를 스톡홀름 시청의 블루홀로 옮겨 6시
30분에 시작했습니다. 시상식과 기념 만찬 시의 복장, 이른

바 '드레스 코드'는 엄격했습니다. 남성은 연미복燕尾服을, 여성은 이브닝드레스를 입는 게 원칙입니다. 연미복에는 자신이 받은 훈장을 달게 되는데, 저는 국내에서 훈장을 받은 적이 없어 독일 정부에서 받은 훈장을 달았습니다. 난생처음 입은 연미복이 어색했지만, 더 힘든 것은 긴 만찬 시간이었습니다. 무려 5시간 가까이 걸렸습니다. 남녀순으로 좌석을 배치하는 바람에 여성들 사이에 낀 상황에서 부담이 되는 외국어로 몇 시간을 소통하는 것도 힘들었습니다.

이처럼 시간이 오래 걸린 것은, 수상자들의 수상 소감은 3~4분에 불과했으나 음악에 할당된 시간이 너무 길었기 때문입니다. 자정이 가까운 시간에 만찬은 끝나고 다시 골든홀로 옮겨 무도회가 계속되었습니다. 일단 무도장으로 옮겨 갔다가 일찍 떠나는 사람들과 함께 빠져나왔습니다. 체력이 고갈된 듯, 힘들었습니다. 문화의 차이겠지만 우리가 참고해야 할 것은 많아 보이지 않았습니다.

삼성호암상 시상식에 참석한 적이 있는 노벨재단 관계자한 분은 삼성호암상 시상식이 훨씬 낫다며 웃었습니다. 아무튼, 수상자나 축하객으로 노벨상 시상식에 참석하는 분은 우선 체력을 길러야 하겠다는 우스운 생각을 했습니다. 힘든 여정이자 경험이었지만, 그래도 길고 긴 밤과 눈 내리는 스톡홀름 풍경이 그리운 옛일처럼 가끔 마음에 떠오릅니다.

2023. 12. 23.

'풍경이 있는 세상'의 창을 닫으며

한 해가 다 저물었습니다. 지나간 해를 돌아보고 마무리하며, 새해를 준비하는 시간입니다. 다사다난했다고 말하지 않은 해가 없었지만, 올해는 더욱 그런 것 같습니다.

우크라이나 전쟁은 끝날 기미를 보이지 않는 가운데 이스라엘과 하마스 간의 전쟁이 시작되었습니다. 인류 평화와 번영의 세상은 멀어지고 갈등과 대립의 세상은 지속되고 있습니다. 국내 사정도 다르지 않습니다. 거짓말, 욕설과 궤변이 난무하는 정치권의 추한 모습에 국민은 지쳐 있습니다. 내년에 나아지리라는 소망도 갖기 어려운 형편입니다. 이 세밑이 쓸쓸하고 마음이 허전한 이유입니다. 그래도 각자 나름대로 새해를 설계해야만 합니다.

저는 2022년 초 당시 〈조선일보〉 "아무튼, 주말"을 담당하던 김윤덕 부장의 부탁을 받고 칼럼을 쓰기 시작했습니다. "풍경이 있는 세상"이라고, 어법으로는 조금 이상하나 멋을 부려 정감이 있어 보이는 문패門牌도 달았습니다.

첫 칼럼은 당시 러시아의 우크라이나 침공 직후였던지라, 전쟁의 안타까움을 담은 "기차는 8시에 떠나네"였습니다. 그리스 출신 메조소프라노 가수 아그네스 발차의 노래 제목에서 따온 것이었습니다. 그리고 전쟁의 조기 종결을 소망하며 같은 가수의 노래 제목 "우리에게도 좋은 날이 오겠지"를 인용했습니다.

평생 공직자로 근엄한 체하며 살아온 구각舊殼을 벗어 버리고자 했습니다. 그저 편하게 읽히면서도 무언가 느낌이 남는 글을 쓸 수 있다면 좋겠다고 생각했습니다. 즉, 정색하며 거룩한 말씀을 전하기보다는 조금은 흐트러진 몸짓으로 더 인간적인 이야기를 나눌 수 있다면, 또 능청을 부려도 좋은 주말 아침 햇살이 들어오는 거실 혹은 침대 위에서 차 한 잔을 마시면서 가볍게 만나는 저의 글이 독자들에게 작은 공감으로 전달된다면 저에게도 기쁨이 될 것 같았습니다.

글을 쓰면서 몇 가지 다짐을 했습니다. 거칠고 독한 이야기, 남에게 상처를 주는 이야기는 쓰지 말자고 했습니다. 가까운 이웃에게 소곤소곤 대화하듯이 쉽고 낮은 목소리로 이야기를 전하기로 했습니다. 그래서 되도록 편하고 쉬운 낱

말을 사용해 구어체口語體와 경어체敬體로 썼습니다. 소리 내어 읽어 보면 그 느낌을 실감할 수 있도록 썼습니다. 이는 원래 판사가 법정에서 판결을 선고할 때 취해야 할 태도라고 생각하고 있었습니다. 가르치려 달려들지 않으며 유익한 지식이나 정보를 은근히 전하고, 읽고 나면 무언가 교훈이나 따뜻한 느낌이 남는 글이길 바랐습니다.

그러나 칼럼을 쓰는 내내 과연 다짐대로 하고 있는지 걱정하였습니다. 아무리 주말판에 칼럼 제목처럼 조금은 여유롭게 쓴다고 하지만 소재가 적절한지, 내용이 격에 넘치거나 부족한 것은 아닌지, 다른 사람을 불편하게 하지는 않는지, 설사 불편하게 하더라도 필요하다면 괘념치 않고 써야 하는 것은 아닌지 등 걱정거리가 적지 않았습니다.

다른 한편 칼럼을 시작하면서 품었던 또 다른 생각이 있었습니다. '그만 썼으면 좋겠다'는 말이 나오기 전에 스스로 그만두는 타이밍을 잘 잡는 일입니다.

그동안 엘리베이터 안이나 길거리에서 칼럼을 잘 읽고 있다는 낯선 사람들의 인사를 받으면 반가웠습니다. 시시때때로 독후감을 전화로, 문자로 전해 주신 지인들과도 정이 더 깊어지는 것 같았습니다. 그렇지만 한 해를 보내는 지금이 세상 풍경을 바라보는 창을 닫아야 하는 시간이라는 생각에 이르렀습니다. 우선 2년 가까이, 그것도 매주 썼으므로 격

주라면 4년 가까이 쓴 셈이니 적지 않게 썼습니다. 또한, 새해에는 제 생각의 전달이나 외부 활동을 줄이고 제 자신의 내면을 더 채우는 일을 하고 싶습니다. 이것이 저의 작은 소망입니다.

그래도 막상 작별의 인사를 전하려 하니 서운한 생각을 피할 수 없습니다. "어디서 무엇이 되어 다시 만나랴"라는 김광섭 시인의 유명한 시구로 석별惜別의 인사를 대신합니다.

"아무튼, 주말" 독자 여러분, 새해 더욱 건강하시고 행복하시길 빕니다.

2023. 12. 30.